「この子らは光栄を異にす」

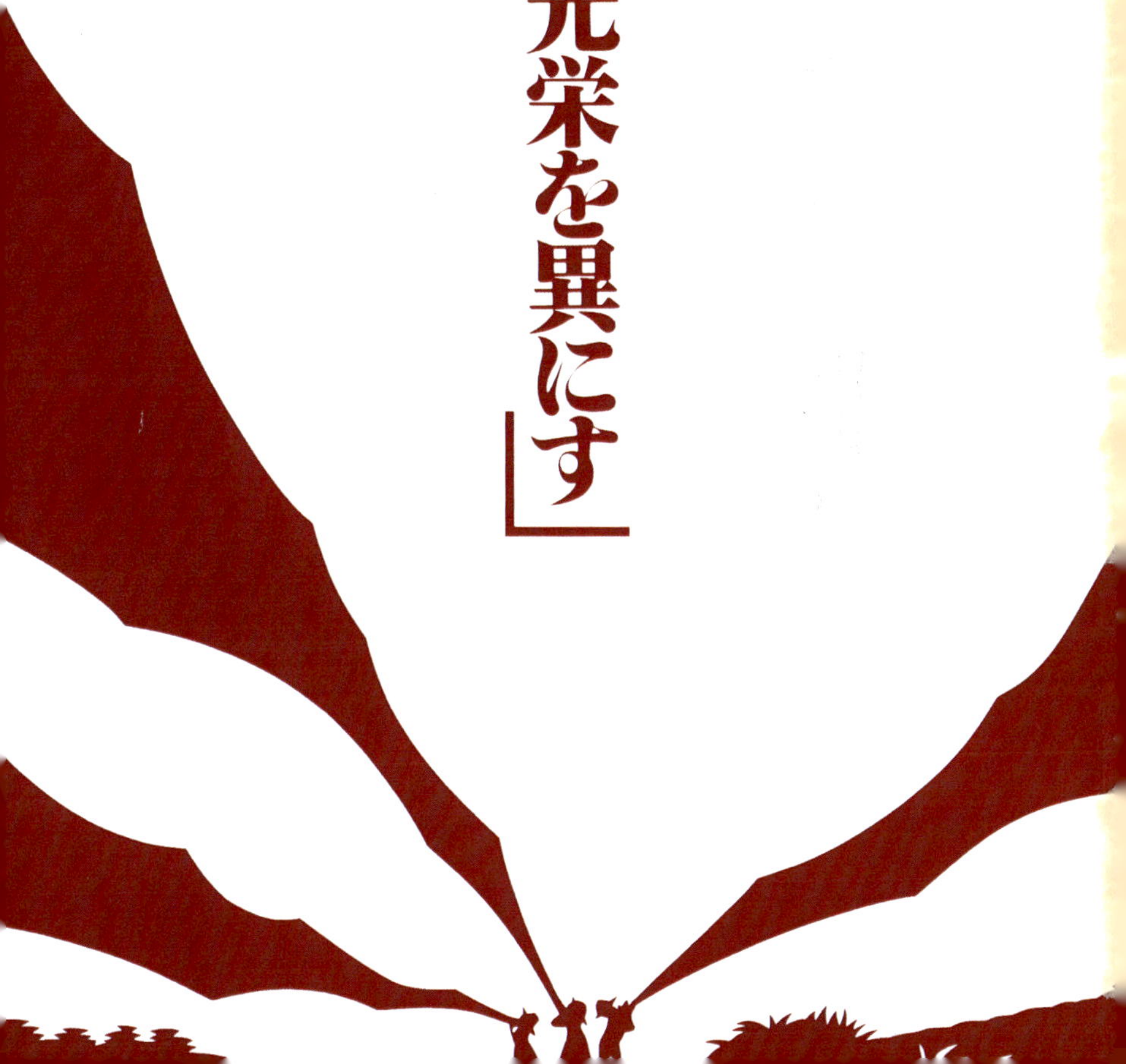

はじめに

浜松の地は、その名の如く昔は松が多かったのでしょうか。浜名湖を周る姫街道というたおやかな道にも、名残りの老松が連なっています。その道が通る三方原台地の北端にも、かつて広大な松林がありました。そこに湧く水を合わせた大谷川と称する小さな流れがあり、それに添う南斜面を切り開いて、五十年前、幾軒かの小屋が建ちました。聖隷保養農園という結核療養所の始まりです。それが今日では、大きな病院を中心にして、心や体や、老いの重荷を負う人々が集う、福祉ゾーンに発展しています。

精神薄弱児施設・小羊学園がその地域の東端に、へばりつくようにして仕事を始めたのは今から二十一年前のことです。それまでは、春になると心の和む蓮華畠であったこの地は、重い障害をもった子どもたちの憩いの里に変りました。

小羊学園には、現在六十人の児童と青年たちがいて、いろいろな事情で家を離れて、ここで居住しています。年齢幅は広いのですが、知能年齢となると大方が一歳か二歳、まれに三歳程度の人がいますが、ごく少数です。

この知能障害をベースに、さらに全盲の障害のある人が五人、歩行不能が六人、歩行困難な人も同数はあるでしょう。90%は言語障害で言葉がなく、てんかんの病気をもって治療中の人が55%です。加えて自閉的な行動面の障害も、多数見られます。

このように、一人で幾つもの障害を併せもっている人を、私たちは仕事上の言葉で、重複障害児と呼びます。小羊学園は、開園以来、一貫してこの重複障害児の施設として歩んできました。


私は昭和四十一年五月、開所以来園長を務めてきました。そうして長い間、重い障害児と暮らしてきた私は、その子どもたちが、その人がどれだけ社会に役立つのかという有用性の判断、いわゆる価値観では、包みきれない存在であると思うようになりました。どんなに些細でも、どんなに視点を変えても、こんな値打があるという話では、結局、優勝劣敗につながる価値論に外なりません。

この問題は価値論ではなくて、その存在の意味を問う、意味論で考えるべきではなかろうか。私は、そう考え続けてきました。第六章の「問いかけとしての〝意味論〟」では、そのことを述べています。

序章にまとめた足立愛子さんとの出会いは、私のその考えを決定的にしてくれました。愛子さんは小羊学園でわずか五十日働いただけで、病気になり、亡くなった人ですが、愛子さんの身に起った奇蹟とまごうような一つの事件が、実は小羊学園の子どもたちの存在の意味を、明らかにしてくれました。この「愛子伝説」を、本書をまとめるのにあたって導入部として選んだのは、そのためです。

平凡な田舎娘であった愛子さん、彼女の子どもたちへの純な思いが、たまたま病床で顕現され、私たちに強い衝撃を与えました。

しかし小羊の子どもたちに接した人々が皆が皆、そうあるわけではありません。子どもたちを見て、神のミステークだと言った人もあり、地獄だと極言した人さえあります。けれども同時に、極めて素直に子どもたちの存在の意味を発見して下さった人たちが、たくさんいました。

第一章の「ひたむきに生きた娘たち」、そして第二章の「心やさしき隣り人」がそうでしょう。それは人間の美しい「邂逅」というべきものでありましょう。

その方たちが、なぜこの邂逅を果すことができたのか。それはその人の心が、純だったからではないでしょうか。純な心であったればこそ、第三章の「純な心の子どもたち」の存在の意味に、触れ得たのだと思います。

考えてみると現代に生きる私たちは、虚飾の衣を身に幾重にもまといこんで、自分の心が自分で分らなくなっているのではないでしょうか。

一度すっぱりと心を裸にして、純な心に立ち戻って、この世の中を見直してみたら、また別な世界が見えてくると思うのです。

小羊の子どもたちは全存在をかけて、それを私たちに問いかけていると思うのです。愛子さんをはじめ、ここに登場していただいた人々は、逸早くそのことに気づいて下さった方だと思っています。

どうかこの貧しい文集を通して、これらの人々と出逢い、そして子どもたちと邂逅して下さることを、心から祈っています。

昭和六十二年八月

この子らは光栄を異にす——目　次

第二章　心やさしき隣り人

第三章　純な心の子どもたち

第四章　涙の中の真実

第五章　自らを省みるとき

第六章　問いかけとしての「意味論」

装幀・扉カット　柳沢京子

●序章●
愛子伝説

愛子さんのうわ言

「今日のお散歩はどこまで行ったの?」

「根洗松までと言っていました。元気な子どもは祝田の坂まで延ばすそうです」

事務のみさ子さんが答えてくれます。

「良いお天気だ。もう完全に春だね」

私は椅子の背にもたれながら、早朝からの前屈みの仕事で曲った背筋を、勢一ぱい伸ばします。

根洗松とは、学園から大人の足で十五分、三方原台地の北端を告知するような、巨木の老松です。祝田の坂とは、そこからさらに北へ十分、下り坂の途中からは、中川の広大な耕田が展望できます。四百年前の元亀三年冬、甲斐の武田勢はちょうどこの辺りに陣を構え、家康の軍に戦いを挑みました。世に言う三方原の合戦です。

病院からの電話を聞いていたみさ子さんが、悲鳴のような声をあげました。

「先生! 検査で赤痢菌が出たんですって!」

四十四年三月二十二日、長く苦しい私たちの戦いの始まりでした。

即日、保健所によって学園全体が臨時隔離病舎として、外界と遮断されてしまいました。ここに、事件発生後数日した時、子どもたちの家庭へ報告した文書の写しが残っており、それにはこう書かれています。

「既に新聞テレビ等でご承知のことと存じますが、赤痢の症状は保健所の職員もびっくりされるほど軽く、子どもたちは皆いつもと変らぬ元気さでおります。菌保有者は二寮の臨時隔離寮舎におり、他の子どもたちは一寮にいて、別々の生活をしております。一応このように分けてはいますが、保健所の指示により、二十四日より全員の子どもに投薬による治療と予防を開始し、赤痢菌撲滅に力を注いでおります。なお感染経路は不明ですが、学園の調理室からでなかったことがはっきりしたことは、不幸中の幸いでした。子どもたちの移動も一騒ぎでしたが、その他衣類や食器の消毒、建物内外の消毒等、ふだんよりも何層倍も増した仕事にもかかわらず、職員一同拘束された生活の中で、連日の長時間勤務に耐えて元気に頑張っています。」

これは家族に安心してもらうための手紙です。観点を変えれば、もっと深刻な異常事態であったということもできましょう。

足立愛子さんが、隣りの聖隷高校を卒業して、准看護婦として就職してきたのは、事件の前

日のことでした。私は彼女に、

「就職早々にこんなことになってしまい、大変だろうけれども、あなたも看護婦さんとして頑張って下さい」

と励ましました。初就職のうえ、赤痢事件という異常が重なり、彼女は極度な緊張と、心理的重圧に耐えていたと思われます。とにかく非常事態だったし、当の私自身からも赤痢菌が発見されたりで混乱していたので、彼女の健康状態の悪化に気づくことができませんでした。

騒ぎも一応治まってきた五月九日、彼女は脳内出血でバッタリと倒れたのです。就職して五十日目のことでした。早速隣接の聖隷三方原病院に、意識のないままで運び込まれたのです。

愛子さんのうわ言が始まったのは、倒れてから数時間経って、フッと目を覚ましてからのことでした。彼女は病床にあって、駆けつけたご両親も、医師も看護婦も、園長である私も、すべてが識別できなくなっていたのです。そして彼女は、今自分が小羊学園にいるのだと思っており、囲りにいる大人たちの姿が、全部小羊学園の子どもたちに見えていたのでしょう。

愛子さんは、パッチリと眼を開けて医師や看護婦の制止を聞かず、ベッドの上に半身を起こすと、その場で、小羊の子どもたちの世話をはじめたのです。それは不思議な虚構の世界であるにもかかわらず、紛れのない現実でありました。

彼女は「愛子」と言って側に寄ったお母さんの手を引いて、

「さあ、お薬飲みましょうね。これを飲まないと病気治りませんよ」

と、薬を飲ませる真似をするのです。看護婦さんに、

「お顔をふいてあげましょうね」

といって、枕元のタオルでごしごし拭きはじめます。お父さんの手をとって童謡を歌ってやり、お医者さんを小羊の子どもの名で呼んで、

「お手々を洗ったの、さあズボンを上げて下さい」

と、こまごまと世話する仕草を見せるのです。

私は込み上げてくるものを押さえきれなくて、病室の窓の側に逃げると、

「危ないわよ。そっちへ行くと落ちるわよ」

と子どもの名を叫ぶのでした。今、目撃しているこの事実は一体なんなのだろうか。彼女に何が起ったのだろうか。しばらく呆然と立ち尽くしていた私は、次第に総身に震えのくる感動を味わっていたのです。


間もなく彼女は、再び昏睡の状態に落ちてゆきました。病気はくも膜下出血と診断され、以後植物人間的病態のまま、再び立ち上ることはありませんでした。

（50年8月）

平崎記者への手紙

〈四十八年の手紙から〉

自分の背より高いすすきを翳しながら、子どもたちがささめきあって、散歩から帰ってきます。澄明な秋の陽に、穂が琥珀色に、ときには銀色に柔らかくゆれて、かすかな懐しさを誘います。三方原の秋は深まっています。

平崎さん。私は今日、足立愛子さんのことについて報告せねばなりません。

私は今、貴方が書かれた、四年前の記事を読み直しています。日付は昭和四十四年六月十四日です。

「脳内出血で倒れた児童施設の若い看護婦さんが、病床での一カ月間、無意識のうちに口をついて出る言葉は、子どもたちのことばかり。すべてを子どもたちに打ち込んでいたためだろう。仕事に対する態度を改めて考えさせられた……と、その純粋さが、関係者の心を大きくゆさぶっている。」

貴方はあの出来事を、こう書きはじめています。そして最後に私の談話があり、「いじらしいほど真剣な気持ちで働いてくれたのだと思うと——。良くなってぜひもういちど学園に帰ってほしい」という言葉で結ばれています。その言葉のように、ようやく彼女は学園に帰ってきました。ただし恢復してではなく、生涯不治の身体となって戻ってきたのです。

今年の五月から、小羊学園の発展的な仕事として、重症心身障害児者施設・おおぞらの家が設立されたのは、ご存知の通りです。彼女はその入所者の一人として、学園に運ばれてきたのです。

重症障害児のために働こうと志した十八歳の娘が、病に倒れ、病院での長い療養生活の甲斐もなく、自分自身がその重症心身障害者となってしまったのです。彼女が負うた運命を思うと、私は心が痛んで言葉もありません。ただ「人間の運命よ、おまえはなんと風に似ているか」という、ゲーテの詩《ことば》に私の胸中を托します。

四十四年五月九日、彼女が職場で倒れてから、今年の九月十日、おおぞらの家に入園してくるまでの長い時の流れが、鋭い氷の破片になって、今私の胸をきるのです。

〈五十年の手紙から〉

平崎さん。愛子さんのことを心にかけて下さって有難うございます。彼女は二年前帰ってきた時から比べれば、随分元気になりました。車椅子を上手に動かし、言葉の数も増えてきていました。しかし、先日起った大発作のために、お医者さんや看護婦さんの努力の積み重ねも、一朝にして崩れたようです。症状は一進一退です。

平崎さん。私はこの頃、考えるのです。学園が集団赤痢にみまわれたあの異常な事態は、貴方も新聞記者として立ち入ってよくご存知の通りです。職員は惨憺たる労苦を強いられましたが、全体を眺めた時に、足立さんが特別に活躍したとも、彼女ばかりに労苦が集中したとも思いません。みんなが大変だったのです。

そんな働きの能力とか量とかの問題でなく、私は彼女の子どもたちに対する打ち込み方の真実さ、純粋さに打たれたのです。彼女は倒れるまでの五十日間、真剣に精いっぱい、ほんとうの心で生きたのです。「奇跡」とまごう、あのうわごとの意味を、私はそう理解し信じています。

貴方と一緒に聖隷浜松病院に行き、主治医の根本脳神経外科医長から話を聞いたことを覚えていますか。根本先生は、「健康なとき、意識の中で主座を占めていたことは、記憶の把持といって、倒れて意識がなくなってからも、能力が残存して口から出る場合があります。偉い学者やスペシャリストなどに時折見られることです。あの娘さんは、よほど一生懸命だったんでしょうね。私は敬意を表します。」

科学者らしい率直な説明を、私は今も忘れないでいます。

平崎さん。不幸にも病気の侵蝕に気づかず就職した彼女は、五十日精いっぱい生きて、そして倒れました。それに比べて、私は、彼女のように純粋に子どもたちのことを考えたことがあったでしょうか。私は一体、ほんとうに生きたと言いうる時間を持ったでしょうか。不真実に、ただ齢を重ねてきたにすぎない自分の一生を顧みた時、私は自分の立っている大地がゆらぐ思いで、うろたえるのです。

(50年12月)

愛子さんの碑

浜松駅を下りて国道二五七号線を北へバスで三十分、聖隷三方原病院前というバス停に達します。朝夕、大勢の高校生、短大生が賑やかに乗り降りするのは、病院に隣接して、聖隷学園と呼ぶ学校があるからです。

今年の五月、ある土曜日の午後、この聖隷学園の庭に一つの碑が建ち、その除幕式が行われました。

碑は高さ一・九メートル、幅一・六メートルの石造りで、前面は銅板のレリーフで飾られています。図柄は、不自由なため、おぼつかない足で近寄ろうとする子どもを、両手を広げ小腰をかがめて迎え入れようとする、一人の娘が描かれています。背景に一匹の小羊と、三様の子どもの姿態が彫られ、描写を奥深くしています。

裏には、次のような碑文が掲げられています。

「足立愛子、一九五〇年四月十五日浜北市に生まれる。一九六九年三月、第一期生として聖隷学園高等学校を卒業、重度精神薄弱児収容保護施設小羊学園に就職する。同年五月、同園に集団赤痢発生、日夜献身的看護にあたる。突如蜘蛛膜下出血に倒れ、意識を失ったまま病床で小羊の子等の名を呼びつづける。数年の治療の効なく、一九七六年一月十九日昇天。地にて痛み深き子等と共に生き尽くした短き生涯を聖隷学園の初穂として神に捧げる。

一九七九年建」

建碑の設計工事は、富士建築社長・森高一郎氏によるものであり、レリーフは、浜松城に在る徳川家康の像を創られた、二紀展の水野欣三郎先生の手になる立派なものです。

聖隷学園高校は、創立を小羊学園と時を一にした学校で、従って昭和四十四年の三月に、第一回の卒業生が誕生したのです。記録によると、卒業生五十九名のうち、看護短大への進学が半数、准看護婦として病院への就職が半数になっていますが、ただ一人、施設へ就職というのがありました。これが小羊学園が採用した足立愛子さんのことです。

同級生や学校の先生の話によると、愛子さんは特別成績の良い際立った娘ではなかったようです。明るいスポーツ好きな、屈たくのない生徒だったものの、どの視点から見ても、平均的な田舎娘であったようです。

愛子さんがいつ頃から小羊の子どもたちに惹かれていったか、誰も知りません。ただ、近くにある小羊学園の子どもたちが、散歩で高校の校舎の横を通ると、二階の窓から夢中に手を振る愛子さんの姿があったのを、記憶していた同級生がありました。

碑文のような事情で愛子さんが倒れた時、同級生の驚きと悲しみはどんなに大きかったでしょう。殊に、正常な意識をとり戻さないままに、子どもたちの名前を呼び続ける、奇跡とまごう病床の姿を伝え聞いた時、なべて十九歳の娘たちは、強い衝撃を受けたことでしょう。

ミッションスクールであったため、信者でなくても彼女たちは祈ることを知っていました。短大に入学したばかりの、病院に勤務したばかりのクラスメートは、誰言うとなく、近くの礼拝堂に集まって、「愛ちゃんを助けて下さい」「愛ちゃんを回復させて下さい」と、自ずと胸の前に掌を組んで、祈っていたのでした。

彼女たちの願いも空しく、愛子さんは治りませんでした。五年間、聖隷浜松病院の脳外科に入院していましたが、私は昭和四十八年五月に開園する、重症心身障害児者施設・おおぞらの家に引取ることを考えました。それを聞くと、彼女たちは「愛ちゃんのために病室を作って下さい」と、「愛ちゃん募金」と称して、貯えを始めたのです。しかし実際的にはその必要もなく、愛子さんに入園してもらうことができました。「愛ちゃん募金」は、愛子さんの将来のためにと、その後も継続されてゆきました。

それから三年目の冬の寒い日、愛子さんは突然天に召されました。彼女たちの当初の衝撃と悲しみは、嘆きになって飛散するには、余りにも堅固なものになっていました。

「愛ちゃんを記念してレリーフを作ろう。その碑を花で囲んで、それをみんなが囲んで、いつまでも語りあえるような場所を作ろう」

愛ちゃん募金は、三度目の目標を見出し、そして愛子さん歿後三年余を経て、除幕にいたったのでした。

（54年10月）

愛子伝説

隣りに聖隷学園の看護短大があります。春から夏にかけて、私は毎週九〇分の講義に出かけますが、それがもう十数年になりました。その三階の教室から下を覗くと、足立愛子さんの碑が見えるのです。

碑の台座は練瓦造りの花壇になっていて、季節の花の植込みで飾られます。この頃は、三色スミレで穏やかに彩られています。碑の背景は藤棚が設けられ、前面はベンチを置いた練瓦敷のポーチになっていて、右手はつつじの植込み、左手はよく刈込んだ芝生の土盛りになっています。授業時間中は、殊更に静かなたたずまいです。講義の最初の日、私はその碑に向って心の中で呟くのです。

「また一年たちましたね」

愛子さんは昭和四十四年の春、聖隷高校を卒業、准看護婦として、小羊学園の集団赤痢事件に併せるように就職してきました。就職と異常事態とで、極度に緊張した労働が続いたのでしょう。働き初めてからわずか五十日目、職場の職員寮でばったりと倒れたのです。寝たきりでの長い療養生活の後、遂に回復することなく天に召されました。

一緒に卒業した同級生たちは、たまたま病床のうわ言で顕わになった、愛子さんの子どもたちへの一途な愛に感動し、彼女の短い生の意味を忘れたくないと、この碑を建立したのでした。以来愛子さんの碑は、聖隷高校の教育のこころを表わすシンボルとして、大切にされてきました。

これは誰が聞いても、感銘深い美しい話です。しかし私にとっては、この事件とこの碑の存在は、針の筵とは申しませんが、悔恨と慚愧と、重荷を伴う辛さがありました。もちろんそれだけでなく、クラスメートの少女たちが感じた、素直な感動や献碑の喜びに、十分共感できるのですが、ただそれだけでないのも事実です。

なぜなら私は、彼女に対して管理者であり、赤痢事件を起した職場の責任者です。新就職者の健康チェックもなく、即刻激しい労働の中に投げ入れ、彼女の病変に気づかず、五十日にして彼女を潰してしまったからです。私自身が赤痢菌の保有者として、行動を限定された異常時であり、その後も残務に没頭せざるを得なかったのは、返す返すも残念なことでした。あれが通常時の就職だったら、あんなことにはならなかったろうにと、悔むばかりです。

私はご両親からも、学校の先生からも、誰からも責められた覚えはありません。しかしこれは、私自身の心の問題であり、逃れることはできません。

新聞記者の平崎さんが、「小羊に学ぶ」という文章の中でこう書いています。

「クモ膜下出血――なぜ足立さんがそうなったか、それはだれにもわかりません。山浦先生は『疲れているようでした。倒れる二、三日前に頭が痛いといっていたそうで、その時、きちんとお医者さんに診てもらっておれば……』と言っておられますが、疲れと頭痛とクモ膜下出血と結びつけられるかどうか、だれにもわからないはずです。」

これは氏の、沈黙しがちな私への思いやりでしょう。

天竜浜名湖鉄道の宮口駅から、六八号線を車で北へ十分走ると、柿の樹の目立って多い浜北市大平という集落に至ります。県道から右に折れて、つづら折の坂道を上ると、杉の木に囲まれて、真ン中に二本の桜の老樹が見える、見過しそうな小さな墓地があります。夏草の繁った中に、前面の十数基の墓石以外は、古い一尺五寸ほどの石ばかりで、その後方に、古くなって全く名前の消えた卒塔婆が、群れて立っています。卒塔婆の下は赤土の土饅頭になっていて、辺りに花を飾ったであろう五合瓶や、ジュースの空缶が散乱しています。

一人でいると、もの悲しく、霊気を感ずる荒涼とした風景です。小鳥のさえずり以外、物音の絶えた静寂で、アザミの花が群れ咲いているのが、せめてもの慰めになりました。ここが愛子さんの墓所です。この地の習慣で土葬であったため、文字通り土に還ったところです。

久しぶりに訪ねた私は、しばらくそこに佇んでいました。その時、四方の小高い山にかかる薄炭色の雲から、初夏の湿度を含んだ一陣の風が、吹いてきました。私はその時、突然、「伝説」という言葉を思いうかべました。「愛子伝説」。悲惨で、しかし一瞬の輝きをもった愛子さんの生と死とを、私は語り伝えよう。語り続けて伝説にしよう。それ以外に、私の惨めさに耐える道はない。そう決心したのです。

（62年7月）

●第一章●

ひたむきに生きる娘たち

たった一人の卒業式

三十半ばでしょうか、工場のユニホームを清潔に着こなした隣席の男の人が、私の膝に眼を落しながら、声をかけてきました。静岡から乗った新幹線の中、私は「小羊学園」と印刷した大封筒に書類を入れて、不用意に、人目につく形で膝の上に置いていたようです。

「失礼ですが、小羊学園の園長さんでしょうか……」

「そうです。あなたは」

相手の話を三十秒と聞かないうちに、私は明るい声をあげたのです。

「あー、あの時の卒業式においでしたか……」

大井川の鉄橋に差しかかった列車の、振動音の変化に乗って、私の心は、たちまち十四年前のある春の一日に連れ戻されたのです。

昭和四十四年四月二十六日、浜松市の信愛高校で、NHK学園高校の入学式があり、その式のあと引き続いて、たった一人の学生のために特別な卒業式が行われました。田中あさ子（当時二十歳）、これが卒業生の名前です。

あさ子さんは中学を卒業後、数年農協に勤めていましたが、かねてからもっていた、施設の子どもと暮したいという希望を捨てきれず、私を訪ねてきたのが、この一年前のことでした。年よりも落ち着いた、美しい女性でした。現在、通信教育のＮＨＫ学園で勉強していて、あと一年で卒業だということ。毎月一回、信愛高校で開かれるスクーリングに通っていること。この高校を卒業したら、保母試験を受けて資格をとりたいことなど、とてもきれいな声で、静かに話してくれました。農協で有線放送のアナウンサーをしているとのことで、なるほどと感心して聞きました。

採用後一年、あさ子さんは私が期待した以上に、立派に仕事をしてくれました。彼女はよく子どもを膝に抱いて、澄んだ声で歌っていました。

四年間の努力が実って、いよいよＮＨＫ学園を卒業することになりました。卒業式は三月二十二日。あさ子さんはその日の装いのためにスーツを新調し、楽しみに待っていました。

ところがその前日の二十一日、それまでの穏やかな生活を裂く、霹靂のような事件が起きました。園児の内で集団赤痢が発生したことが判ったのです。即刻、学園は臨時隔離病舎として、外界と遮られてしまいました。

園児たちの看病に追われ、またＮＨＫ学園の仲間にもし迷惑をかけてはと、彼女は卒業式をあきらめました。私はその時、あさ子さんが気のどくで、本当にすまなかったと、心から詫びました。

三週間たって一応騒ぎが収まった機会に、NHK学園の委託校である、信愛高校の校長先生にことの次第を手紙に書き、事務的でなく、できれば先生から本人に卒業証書を手渡してやっていただきたいとお願いしました。校長先生は喜んで引き受けて下さいました。

当日は、NHK学園の入学式でした。約七十人の新入生と二百人の在校生、なんとそれに、一カ月前卒業式をすませたあさ子さんの同級生全員が顔を揃えて出席していたのです。入学式の行事が全部終った後で、今回の特別の卒業式について説明がありました。

そして司会の先生が、「ただ今から卒業式を行います」と、張りのある声で開会を宣言されました。以後、全く普通の卒業式と同様、一個所も簡略にしないで、一通りの儀式が執行されたのです。

あさ子さんは、段上で中村春子校長から卒業証書を受けました。私は来賓の席に坐って、会場の隅々にまでみなぎっている、人の心の暖かさを、しみじみと味わっていました。

「わたし一人のために卒業式をして下さると知って、うれしくて前夜は眠れませんでした。この感激は一生忘れないと思います。わたしは子どもたちのために、一層がんばりたいと思います……」

あさ子さんは一言一言、自分に言いきかせるように答辞を述べていました。会場に拍手のうずがまき、すでに卒業している同級生は、一斉に席から起立して拍手をおくっていました。

新幹線の隣席の客は、この同級生の一人だったのです。

「今どき、あんないい卒業式があるものでしょうか……」

「ありますよ、きっとありますよ。人の心のなかに必ずあるものですよ」

私はそう答えていたのです。

（58年2月）

私はあなたの耳

アヤが高校生になったら、先生は話してあげようと思っていたことがあります。アヤ、私は一週間前、ある会議のために沖縄へ行ってきました。君が生れた所ですね。以前私が沖縄を訪ねたのは、今から十九年前、沖縄がまだアメリカの占領下で、通貨がドルだった昔です。その時同行したのが娘時代の君のお母さん、みさ子さんです。先日、私は那覇の空港でその時のいきさつを懐しく思い出していました。君にそれを話したいのです。

みさ子さんは横浜の会計事務所で働いていたのですが、人に仕える仕事をしたいと思い立って、小羊学園の創設に加わってくれました。二十一歳の乙女でした。詩を作ることが上手で、事務員兼保母として、子どもたちと暮した喜び、悲しみを、詩の形で記録していました。一年半ほどした時、私は彼女にすすめて、僅か三十頁の詩集「こひつじ」にまとめ、印刷に付したのは、秋の終る頃でした。

私が「これを誰に一番見てもらいたい？」と聞くと、彼女は大胆にも「知事さんに」と答えました。福祉制度の不十分な時代です。もっともな希望でした。

そこで二人で県知事室に出かけ、贈呈しました。ご老齢の知事さんは、頁をめくりながら、涙をうかべられました。それを毎日新聞の若い記者さんが取材したのがきっかけで、翌年二月、同紙の全国版の家庭欄で、二日にわたり詩集の内容が大々的に紹介されたのです。

それからが大変です。彼女宛に、全国から激励や共感の手紙が、毎日束になって届きました。週刊誌、婦人雑誌と次々に紹介され、朝日ニュースで映画にまでなって、あっという間に、彼女はちょっとした有名人になってしまいました。

そんな騒ぎが一応収まったある夜のこと、みさ子さんが改まった真顔で、相談にきました。

結婚したいというのです。きいてみると相手の方は、沖縄の名護で八千羽の養鶏を自営している青年で、詩集のことで、全国から来た手紙の中で、一番胸を打つ手紙を下さった人だった。その後一週間に一、二度の航空便を交換している間に、自然に愛が芽生えてきた。そう言うのです。

私はびっくりしてしまいました。「逢ったこともない人を、手紙だけで」「沖縄なんて、そんな遠くに」

私が大人の分別で、くどくど言いだしたのも、至極当然なことでした。

ところが彼女は、こうつけ加えたのです。

「彼は中学一年生のとき、耳がまったく聞こえなくなった聴覚障害者です」

そしてこう続けました。

「文通の中で、私を一番理解してくれた人と直感しました。彼には私が必要だし、私も彼が必要です。私は彼の耳になりたい」

聡明な眼をいっぱいに開いて、小柄な体を切ないほど固くしている彼女と、私はしばらく、言葉もなく対峙していました。

私は彼女のご家族から、「先生の信用できる男性なら、いっさい任せます」との了解をとり、みさ子さんを伴って〝見合い〟のため、沖縄に渡ったのです。十月、沖縄はまだ夏の名残りの季節でした。

那覇空港で初めて顔を合わせた二人は、自動車に乗ってからも喜びに顔を輝かせて、語りあっていました。筆談の会話です。彼女の赤い手帖と、彼の白いメモ帖とが、もどかしそうにやり取りされながら話がはずみます。全島米軍基地といってよいほどの厳しい風景を車窓に眺めながら、私は車内の、慎ましく清らかな二人の交換に、微笑んでいたのでした。

みさ子さんが沖縄に嫁ぐとき、私に数篇の詩をプレゼントしてくれました。これはその一つです。

さあ、見渡すが良い
展開する道路、縁の広場
ゴキブリを想わせる黒い飛行機
チューインガムをつまみ取る白い手
日々のパンにあくせく働く日焼した顔
夜露しのぎの板塀の小屋
日夜轟音に悩む人々　これが沖縄
私が愛に生きる島

アヤ、ここで言う青年とは、もちろん君のお父さんのことです。沖縄が日本に復帰し、いろんなことがありました。私たちの仕事を助けてもらうため、改めてお二人を浜松に迎えてから、もう十四年がたちました。その後のことは、君が成長と共に知ってきたとおりです。

アヤ、君は娘として、お母さんのことをどう思いますか。先生の気持ちを言わせて下さい。先生はアヤのお母さんを、そう、とっても尊敬しています。

（62年6月）

ゆく道をまもり

大分以前ですが、いつも利用しているタクシーの運転手さんが、こんな話をしてくれました。小羊学園の職員だと称する、関西弁の数人の娘たちを、市民会館の前から学園まで乗せてきた時の話です。この運転手さんは、相当に古風な常識の持ち主で、「小羊学園では、給料なんか出さないんでしょう」と言って、事業主である私をびっくりさせてくれた人です。

「私はねー、先生のような所で働く娘さんは、皆さんなんというか、修道院の尼さんみたいな、静かでおとなしい人ばかりと思っていましたよ。ところがなんの、歌とおしゃべりで、ご乗車中大騒ぎですよ。初めは井上陽水とかいう歌手の話でしたね。次第にホットパンツの話になって、それからジャイアンツと長島新監督の悪口を散々やって、急に小野田少尉と木枯し紋次郎が素敵だとか、笑ったり歌ったりですよ。学園の門についたら、『いまなんどきだ』ときましたね。オヨヨとか、チカレタビーとか言って下りてゆきましたよ。私もこの商売していて、あんな賑やかな娘たちは久しぶりで、あれ本当に小羊学園の職員ですか」

私は暗い車の座席でニヤニヤしていましたが、運転手さんを驚かせたのが、のり子さんたち関西勢だとすぐ分りました。

のり子さんがブラジルを目指して旅立ったのは、二年前の梅雨時でありました。サンパウロの郊外に、「希望の家」という心身障害児の施設があって、そこが手不足で困っている。小羊学園から、ひと区切り二年で、応援に来てくれる人はないだろうかという話は、現地の宗像牧師を通して、前々から聞いていました。彼女が突然「行ってみたい」と言い出したのは、三年前のことでした。

私が初めて外務省に相談に行った時、現地をよく知っている事務官が、「希望の家！　あそこは大変な所です」と、腕を組んでしばらく沈黙してしまいました。私は改めて彼女の覚悟を問うたのですが、明るく笑って一向に動じません。「希望の家」と、隣接の聖隷福祉事業団の長谷川保理事長との縁故もあって、その支援で移住手続は支障なく進みました。

確か、有田市でコレラ発生の騒ぎがニュースになっていた時だと思います。彼女が出発する夜、羽田空港に見送りに行きました。空港は相も変わらぬ混雑でしたが、私は彼女の服装にまごついてしまいました。黒いセーターに、膝の薄くなったジーンズです。とても地球の裏側へ鹿島立つ姿とは思われません。彼女はまるで自転車で近くのスーパーに買物に行くように、屈託のない笑顔で旅立って行ったのでした。

のり子さんは、極度に臆病と羞恥心と、頑なといってよい自己主張が混在した、個性のある娘さんです。彼女は小羊学園で五年間立派に働いたのち、サンパウロへの困難な道を、自分で選んで踏み出して行ったのです。

羽田からの帰途、連れと別れて一人になった国電の席で、私は口の中で歌っていました。「神ともにいまして、ゆく道をまもり……また会う日まで」車窓は篠突く雨であったことを覚えています。

早いもので、あれから約束の二年がたちました。のり子さんから最近こんな手紙が届きました。

「園長先生に見送られて羽田を発ったのが、ほんとうに、つい数日前の気がしますのに、もう二年の日が流れたとは、どう考えても信じられません。……ここでの二年間も、結局は私自身の弱さや身勝手さを改めて知らされただけだったかも知れません。いつもいつも、やり直しのスタートラインに立ってばかりいて、何んの変わりのない私のようです。小羊のなつかしい暖かさみたいなものが、とても貴重だと思います。……今の予定では、八月中に帰国のつもりでいます。それでできますならば、もう一度小羊で働いてみたいと思うのですが、お許し頂けるでしょうか」

私は心からお帰りを待っていると返事を書きました。折々の便りを通して、考え方が深くなっている様子から、彼女の成長が窺われ、私は喜んでいました。それだけに「希望の家」での並々ならぬ労苦が、彼女を変えつつあるのではないかと感じていました。

しかし彼女は、自分のやってきた二年間の行為の意味や重みを、まるで知らないようです。出立した時と同様、屈託なげに帰ってくるに違いありません。

「浜松のデパートへ、買物に行ってきたような顔をして『只今！』と言うだろうね」

私は彼女を知る人に、こう語っています。

（54年7月）

七太郎のお母ちゃんは泣虫だ

この奇妙な題には、いささか説明が必要です。七太郎とは人の名でなく、実は猫の名前です。毎日のように、子どもたちは幾組にも分れて散歩に出かけるのですが、途中で捨て猫に遭遇することがしばしばで、それなりの経過があっての結末は、職員宿舎の誰彼が、その成長の責任を負うこととなるのです。私の家には二匹いますが、前横の宿舎には三匹いて、七太郎は保母さんの明恵さんが可愛がっています。

短足胴短で、常識的には駄猫ですが、よくよく見るとなんとも愛嬌のある可愛い猫です。猫好きな私たち夫婦は、飼主の明恵さんを、いつか七太郎のお母ちゃんと呼ぶようになっていました。

明恵さんは昨年四月、県立厚生保育専門学校を卒業して就職してきました。家は静岡市、新幹線で一区間の近さです。しかし二十歳になって初めて親許を離れた寂しさが、緊張感を伴う新就職経験と相乗作用を起して、近頃ありがちな五月病の気配となってしまいました。

疲労から風邪気味で休んでいる彼女を気づかって部屋を見舞った同僚が、ホームシックで泣いていましたと報告してくれました。「なんとなく野麦峠だね」と笑ったものの、私は彼女の心情が可哀想で、気がかりでなりませんでした。

しかし若い娘です。立ち直りの速やかなのも、また当世風でした。ただその頃、非公式に一寮で居住を許された捨て猫が、食堂で子どもたちのこぼすご飯を食べ廻るのが非衛生的だと言われた時、明恵さんはその不運な猫を自分の宿舎に連れ帰りました。それが七太郎です。

七太郎に頬擦する彼女の顔が、次第に明るさを取り戻し、五月病を克服したかどうか……これは物語好きな私の想像過多かも知れません。

ミヨコさん。十四年前、八歳で入園してきました。入園当時、ようやく掴まり立ちした幼な子のようでした。発達段階が全般的に低い重症児で、長い年月みんなで随分努力したにもかかわらず、見るべき進歩はありませんでした。身体は大人になっても、仕草は永遠の乳幼児。言葉もなくヨチヨチ歩き。拳で戸を叩き、人を見ると両腕を相手の首に巻きつけて甘える。そんな姿を見ていると、あらためてその障害の重さを感ぜざるを得ません。

明恵さんは就職すると間もなく、このミヨコさんの全般について個別的な責任を負う、ケース担当となりました。自分よりも二歳も年上の幼な子。この不思議な人格を前にして、彼女の心労が続きました。

一年経過した時の寮会議でした。その席上で彼女はミヨコさんの最近をレポートしたのです。一年間付き合って、なんにも進歩が見られなかった。ちっとも役立ってあげられなかった。すまなかったと彼女は声をつまらせ、遂には皆んなの前で泣いてしまったというのです。私は寮長からその話を聞きながら、「あの娘は泣虫だね」と笑ったものの、しかし胸を熱くしていたのです。

彼女の書いたミヨコさんの今年度の指導資料から、一項目だけ紹介してみます。

〔作業〕（現状）本児にバケツを手渡すと持っていることができる。手をつながないと、声かけだけでは目的地に行くことができない。

（次学期の目標）もっと長距離を歩く。声かけだけで動けるようにする。

（具体的な工夫）バケツを持った本児の少し前を、声をかけて誘導する。初めはロープを二本張り、その間を通路とし、その間を歩くようにする。

就寝前のひと時、私は玄関の前にいた七太郎を抱いて家の周りを一回りしました。「七太郎のお母ちゃんはいい娘《こ》だよ。七太郎のお母ちゃんは泣虫だよ」と、猫をあやすように、口の中でぶつぶつ言っていました。

私は、国を守るとか、人民のためとか、差別と闘うとか、愛の奉仕とか、魅力的な言葉を声高に言う人物は苦手です。しかし私は、七太郎のお母ちゃんのような、純な涙を信じます。たとえそれがどんなに弱く、はかなくても、私はその瞬間を信じます。

七太郎を抱いた私の姿を追うように、二匹三匹の猫の影が、チラチラとついてきます。夜空は晩春のおぼろ月でした。

（58年6月）

新人類と旧人類

岩波の『世界』十二月号を読んでいたら、ある若い助教授の論文で「新人類」「旧人類」という言葉が、最近はやっていることを知りました。私など流行語には一番遠い所で生きていますので、初めて知って、つい笑ってしまいました。この助教授は、「新人類」「旧人類」の分類法によると、自分は昭和二十二年生れだから、新旧の中間世代だと言うのです。となると大正末期の私などは、もちろん旧人類ですし、しかも新人類である若者たちの力に依拠して、仕事を進めているわけです。世代感覚の隔絶感を表現するのに、確かに新旧人類区分法は、妙を得てユーモラスです。

二、三年前、私は親しい友人から、「アナログ人間」「ディジタル人間」という人間タイプの区分法の話を聞いて、いたく感心したことがあります。「アナログ人間」とは、長短の針が文字盤を回るアナログ時計のように、事象を時間の流れとして捉える、線的、連続的思考の人間だというのです。一方「ディジタル人間」とは、液晶数字で表示されるディジタル時計のように、事象を瞬間として捉える、点的思考の人間だというのです。

この線と点との相違は、農耕文化と狩猟文化の違いであり、執着症気質と分裂症気質の違いであり、果ては二宮尊徳と吉田松陰の違いなんだと語る友人の弁に圧倒され、感じ入って聞いたことがありました。

その時私は、一緒に働いている若い男女の誰彼を思い浮かべながら、みんな「ディジタル人間」らしいなと感ずると同時に、自分は、まぎれもなくアナログだと思ったものです。となると、旧人類＝アナログ人間。新人類＝ディジタル人間という公式が、成立しやすいようです。

私同様の旧人類の皆さんは、私の感覚をほぼ理解して下さると思うのですが、しかし私は、決して新人類を揶揄《やゆ》しているのではないのです。先祖伝来、義理人情、行儀作法、長幼の序などいっぱいアナログを引きずっている私は、確かに、時折びっくりさせられることはあります。けれども、彼等同労の新人類が、小企業的な学園で、自由に、活性をもって、開発的に取りくんでいる良さ、素晴しさは、私には分る気がするのです。

ゆみ子さんは大柄ではありませんが、色白で眼が大きく、ショートカットでなかなか魅力的な娘さんです。早くから、まっ黒なスポーツタイプのパルサーに乗り、通勤しています。とてもさっぱりしたボーイッシュな性格で、言葉も動作もポキポキしていて粘着性がなく、寡黙ですが暗くはなく、大きな口を開けて元気に笑います。きちんと自分を持っていて、しかし自己目的のために、他に負担をかけるようなことは一度もありません。子どもへの入れ込みは真剣で、その「記録」の適確さは、明子先生がいつも感心しています。

七五三の翌日、土曜日の教会学校で、はるみちゃんの七歳の祝福式をやりました。可愛らしく振袖を着せてもらい、リボンをつけて小さな扇子まで持って、みんなの前に立ちました。二歳九カ月で学園に来た時、ハイハイしかできなかったはるみちゃんを、四年間ケース担当として、若いママのような気持ちで、一生懸命面倒見てきたのがこのゆみ子さんです。ゆみ子さんはお祝いの言葉を述べるよう指名されて、今では身体の面でも知能の面でも、期待以上に成長した、はるみちゃんの前に立ちました。

そして彼女は、「はるちゃん……」と呼びかけたきり、声がつまって泣きだしたのです。新人類はやはり泣いたのです。旧人類である私は「ほら見てごらん！　ゆみ子先生が泣いているよ」と、大きな声をあげていました。ゆみ子さんが泣いたので、すぐ連動して、旧人類の大胡次長が、アナログ思考で涙を流しはじめました。と同時に、今年短大を出たばかりの新人類も、ディジタル感覚で目を赤くしているのです。

私は何か、改めてほっとしたのです。旧人類も新人類も、子どもたちへの愛情には何んにも違いはないじゃないか。お互い感じ方に相違もあって、理解しにくい面はあるけれども、何より大切なものが愛なんだという、こころ根は、全く一緒らしいと、そう思えたからでした。

（60年11月）

ハエとおともだち

今年の夏は、例年になくハエが多いなとは思っていたのですが……。

学園の近くの小道で、子連れのキジや、イタチの姿を見かけることは、さすがに少なくなりましたが、蛇とかモグラとか、デパートに売りに出される昆虫とかは、まだまだ残っていて、自然の面白さを見せてくれます。と同時に近辺に畑もあるためか、幾分かはハエのうるささとは付き合わねばなりません。このことは夏場の生活には折り込みずみで、気になるほどには思っていませんでした。

ところがです。……予想しなかった異常事態が起ったのです。学園の庶務日誌に、ハエのことが記載されたのは九月十八日（日）です。「昨日に引き続き蝿の異常大発生が見られ、とりあえず蝿取りテープを買って下げることにし、実施。」とありますから、これは我慢がならないと周章しはじめたのは、その前日の十七日からのようです。

今年は二百十日が過ぎても、盛夏を思わせる残暑が続きました。十年来の職員が「こんなにハエの多い年は初めてだ」と言った言葉を、酷暑のせいだと高をくくっていた私も、土、日の凄まじさに狼狽し、月曜の午前には、おおぞらの家の庶務主任を伴って、三ヶ日保健所に飛んで行ったのです。

残念ですが私たちの仕事は、そんなに奇麗なものではありません。おもらしをする子があり、時には便いたずらをする子もいます。よだれとか、生理的な体臭のぬけない子もいます。一日に小型トラックいっぱいの洗濯物を出して、度々着がえさせても、消毒液で、汚れた屋内を鵜の目たかの目で掃除しても、普通の家庭よりもハエを引き寄せやすい環境であることは、残念ながら否めないと思います。網戸の有効性が理解できる子ではなく、結局、廊下といわず、天井といわず、びっしりゴマ塩を撒いた如くで、所々では正に蝟集《いしゅう》しているのです。寝たきりや歩けないなど動きの少ない子は可哀そうです。頭や口の周りにハエがたかっても、追い払う力がありません。若い職員たちは、経験のない事態に遭遇し、六分の当惑と苛立ちと、四分の挑戦的意欲とで、子どもたちをハエから庇おうと、ハエ叩きを片手に結構賑やかに立向っていました。

もちろん、小羊学園だけが被害を受けていたのでなく、隣接して並んだ四つの施設が、大同小異の窮境にあったのです。

九月二十一日（水）の庶務日誌。

「蝿の件。この一週間ほど、特に蝿が異常発生。園長、おおぞらの職員と共に近隣の地域を点検、発生源と思われる農家へ浜松保健所より指導してくれるよう、西部民生事務所を通して依頼する。」

私たちは発生源と目される二百メートルほど離れた、肉牛を飼育している牛小屋に行ってみました。畜舎の傍を歩くと、まるで土ほこりがまい上るような、夥しいハエでした。見ていると、ちょうどミツバチの大群のように、ハエが空中で大きな団塊になって飛んで行くのです。私は辟易するより、感心して眺めていました。

九月二十四日（土）の庶務日誌。

「蝿の件。浜松保健所、市畜産課より三名来園。十字の園老人ホーム、わかば保育園、おおぞらの家、小羊の責任者が集まって実情を話す。今後畜産課で指導する由。」

すでにこの時には騒ぎは峠を越していて、事態のもの凄さを見ていただけなかったのは残念でした。

さしもの爆発的ハエ被害も、秋の一雨毎に学園の話題から消えて行くようです。ところがこの騒ぎの中で、一つだけ面白い言葉が残りました。「ハエとおともだち」です。私はこのジョークを聞いた時、思わず吹き出してしまいました。誰が言い出したのか、子どもに群がるハエを見てか、ハエに翻弄される自分の姿を見てか、「ハエとおともだち」とは、よく言ったものです。戦後の豊かな社会で、本当に困ったことを知らないで育った現代若者の、遊びの精神のようなものを感じて、私は笑い出したのです。

しかし考えてみると、詮方ない仕儀に見まわれた時、精いっぱいの努力をすれば、後は時の過ぎるのを待つだけ。怒ったり恨んだりしない心のゆとりは、それだけ幸せというべきでしょう。

「おしん」ブームは、時節柄なんとなく世論操作の意図が感じられて好きになれません。それより「ハエとおともだち」の精神の方が、ずっと健康な気がしてくるのです。

（58年10月）

結婚退職するあなた

由紀子さんが結婚退職しました。

いわゆる適齢期の女性が過半数をしめる職場です。しかし、早番、遅番、徹夜夜勤など、変則勤務の連続であり、各種の会議はすべて夜の八時半からという常識的でないおまけつきですから、とても結婚してから勤められる職場ではありません。残念ながら一〇〇％、結婚即退職とならざるをえないのです。

由紀子さんは、勤務の一切がすんで送別会も終り、職員宿舎から荷物を運び終ってもなお、二日ほど、用ありげに学園に出入りして、静岡にある親元になかなか帰ろうとしませんでした。

「結婚式まであと十日じゃないの。早く家に帰りなさいよ」

「そんな追い出すようなことを言わないで」

廊下での、明るいはずの会話が、妙に湿りがちに私の耳に聞こえてきます。ああ、彼女も立去り難い気持ちでいてくれるのだ。感傷に彩られた感謝の念が、私の心に満ちてくるのです。

大分前の話ですが。学園の職員寮で、数人の若い保母さんたちが集まって、人生論や宗教論を賑やかに語りあっていた時です。

「学園の子どもたちを看ていると、本当に可愛くて、私も早く結婚して、子どもを育てたいと思うわ」

「ほんとうにそうね」

それぞれ個性的な発言も、結論は見事に一致していたそうです。その場に同席した若い牧師さんが、あとで私に語ってくれました。

「重い障害のある子どもたちを思うと、子どもを産むことが怖くなる。結婚も躊躇してしまうという考えになるのが、自然だと思っていました。重い障害児の面倒をみていて、子どもが欲しくなったと、結婚に憧れる娘さんたちの気持ちは、私には衝撃的でした」

私は心に肯くものがありました。


ある日のことです。立寄ってくれた友人を、子どもたちの居室へ案内していました。折悪しく、一人の子どもが便のおもらしをしていました。あたりは異臭で、なれない人は、顔をそむけたくなるほどです。その男の子は、子どもといってもすでに十八歳を過ぎており、成人の足のように、毛脛でした。

若い保母さんが、幼い子どもに語りかけるように、まるで歌うような声で、優しく戒めていました。お湯で熱くしぼった古布で、せっせと、お尻や腿や毛脛に付着した便を、丁寧に拭いとってやっているのです。保母さんは、私たちに気づかず、背を向けたままです。

その友人は、戦後のレッドパージにあい、厳しいしたたかな人生を歩んできた人でした。彼は感激を吐きだすように、私に言ったのです。

「君、あの若い娘さんが、――あの大きな男の子を――あのように面倒をみるとは。愛情とは、なんと不思議なものではないか。私は、あのお嬢さんの背に光背を見た。確かに光背の輝くのを見た！」

あの娘《ひと》も、あの娘《ひと》も、みんな平凡な結婚をして、平凡な妻となり、平凡な母となっていきました。

由紀子さんは三年半、一生懸命働いてくれました。この「つのぶえ」の紙面に、「彼等と付き合うことが、彼等にも私にも、待ちきれないほどの楽しい時間で、今日も一日良い日だったと思えるような、そんな毎日を過ごしていたいと思います」という、名文句を残してくれました。十月末退職、霜月の九日、大安吉日を選んで結婚式を挙げ、夫君となる人の勤務地である厳冬の北海道に向って、新しい旅立ちをすることになっています。

（55年11月）

愚かしいほど懸命に

事なかれ主義の標本のような生き方をしてきた市役所の一課長が、胃ガンで余命いくばくもないと宣言されたことを転機に、残る生命を真剣に「生きる」という映画がありました。私同様の年輩者には、自己の青春像の借景として、忘れられない影像となっているはずです。

私の友人は、皆定年の年齢です。長年親しんできた会社や役所を去る直前に、燃えつきるように最後の仕事に取り組むことができるだろうか。できないのではなかろうか。いささか悄然とした、溜息まじりの話題となることがあります。私も自分の問題として難しさを感じています。

今年も年度の変りに、四人の保母さんが退職しました。いつものことながら、今年はまた格別に、別れ辛い人々でした。小羊学園の職員らしいタイプなどというのは、私の勝手なイメージですが、子どもたちを思う心が愚かしいほど懸命で、粉飾のない真実が溢れている娘たちでした。

のり子さんは少々遅咲きの桜のように、この五月に結婚し、東京で家庭を持たれます。のり子さんは短大を出てから前後十年小羊で働き、その中間の二年は、ブラジルのサンパウロ郊外にある精神薄弱児施設に、人手不足の応援に出かけ、立派に役目を果して帰りました。この京都生れのいとはんは、私にとって思い出の多い人で、原稿用紙に三、四十枚はすぐ書けるような気がします。

大平さんは栄養士の資格を持ってから保母さんの学校に行った人で、この四月十四日が結婚式です。彼はメロン作りをする好青年で、二人並ぶと、なぜか七〇年前後の「若者たち」を感じさせてくれます。結婚式のスピーチに、最大級の賛辞を述べるにためらいのない、良くできた娘さんでした。

ヨーちゃんが明治学院を出て学園に来た時は、洗濯機の使い方も、座敷ぼうきの使い方も知らない、話のようなお嬢さんでした。国分寺教会の会員で、家を遠く離れて来たために、さぞご両親は、キリスト教と小羊学園を、うらめしく思われたことでしょう。彼女は子どもたちから、いろんなことを教えてもらい、立派に成長して、年期が明けたようにさっぱりした顔で帰りました。当分は歯科医である家業を手伝いながら、地域の障害児のためにボランティア活動をするそうです。

博子さんのことは少し詳しく語りましょう。彼女は二年働いてくれましたが、寡黙で声も小さく、仕事の中で派手な立居振舞のない人でした。しかし、子どもを集めての催しで、歌や遊びを進行する時は、意外なほど鮮やかで、隠れた能力を感じさせてくれました。何よりも優れていたのは、ペーパークラフトや人形作りなど造形面で、他の追従をゆるさない巧緻なものを作ってくれました。その見事な出来ばえは、一途になったらバランス感覚を失ってまで打ち込んでしまう、彼女の気質を窺わせました。

彼女は、この二年間悩んだようでした。自閉的傾向の多動児を担当することが多く、子どもたちを摑みきれず、加えて、問題行動の多い年長児を、自分一人で面倒みなければならない徹夜夜勤は、随分苦しいものだったようです。半年前、彼女から三月末にと辞意があった時、大方の察しはつきました。私は彼女の弱さを、自分の弱さとして済まないと思いました。

学園では当番をきめて保母さんたちが、週三回、おやつを手作りします。四人の退職予定者の誰が始めたのか、自分の時間を使って子どもたちに手作りのおやつをサービスすることを、競いはじめたのです。これに火がついて一途になってしまったのが博子さんです。

退職前の一カ月間、彼女は自分の余暇を使って、深更にいたり、遂には徹夜までして、毎日、自分の部屋でケーキやクッキーや、いろいろおやつを作り続け、子どもたちの前に運んだのです。そしてとうとう、彼女たちの送別会をするその日に、熱を出して寝込んでしまったのです。

若い身です。一日二日で立ち直りましたが、「疲れてしまって、恥ずかしくて」と言った、彼女の小さな声が、印象的でした。

皆さんはこの彼女の努力を愚かしいと思いますか。可愛いと思いますか。弱々しくて、愛《かな》しくて、愚かしくはあっても、彼女の純な「生きる」姿勢は、私の心を、強打して、去っていったのです。

（60年3月）

同労の友たちよ

神戸埠頭に近いニューポートホテルが近付くと、喜びへの期待と失意の不安が交錯して、私の心の動揺は、ただならないものになってきました。落ち着け。こんなはずではなかった。私は予期しなかった自分の思いに当惑していたのです。

「八月一日、職員旅行で神戸へ参ります。ホテル到着が一時、再会の機会になれば嬉しいのですが……」

そんな簡単なはがきを四枚、阪神地域に住んでいる退職職員に送ったのが数日前でした。特別返事も求めず、先方に迷惑にならないようにと、期待を薄めた抑えた文面であったはずです。その時の私の気持ちも、この程度を越えてはいませんでした。

ところが三十人を乗せた貸切りバスが目的地に近付くにつれて、一人二人は来てくれるか？あるいは誰もこないのではないか？　当初の気持ちとは違った期待感の膨張を、私はもてあましていたのです。間もなく旅行の幹事がアナウンスしました。「あれがニューポートホテルです」。胸が高鳴り、私は目をつぶりました。

学園を始めて今日まで、大勢の若い人々が理想を求めてこの仕事に加わってきました。そして数えきれない人々が辞めていきました。私たちと同労の友垣を築いた数年を、喜び、感謝しながら去った人たちが多数であったことは間違いはないと思います。しかし施設の現実に失望し、やり場のない怒りや悲しみを胸に秘めて、別れて行った人も少なくありません。その原因は、半分はかつての福祉施設の貧しさにあり、半分は私のいたらなさにありました。

開園後、数年の経済的苦境と人手不足は、当然のこととして働く人々に常識を越えた激しい労働を強いました。四十四年の赤痢事件には、若い准看護婦の愛子さんが、くも膜下出血で倒れるという犠牲までだしました。殊に「腰痛問題」は、長期にわたる職員全体の苦悩でありました。

四十六年頃から全国の重症心身障害児施設に起った腰痛問題の波が、小羊学園に押し寄せたのは四十七年の秋でした。数名の保母さんが腰痛を訴え、その中のトシ子さんが自身の腰痛は職業病であると、労働基準監督署に認定を申し出、県内では最初の事件なので、新聞やＴＶで大きく扱われました。当時の腰痛問題は、極めて政治的色彩の濃厚な、結果として福祉の充実を狙った、ソーシャルアクションでありました。

幸い学園では労働紛争化することは全くなく、園内は常と変わらず平静で、それだけに底冷えのする長い冬の時代でありました。職員の誰もが深い挫折感を味わいましたが、管理者である私にとっても、言葉につくせない辛い月日でした。この事件の前後に園を去った人々のことが、私は一番心に残り、すまなかったという思いがひとしおです。

胸いっぱいに脹らませた理想と情熱が、一、二年の間に夢破れ、言葉少なに去った若い人々。その肩を落とした後ろ姿を、私はなんど見送ったことでしょう。理想と矛盾の剣ヶ峰を、跣で歩く私たちの仕事は、どちらに下りるかによって自分の生きた意味が分れてくるのです。しかし十五周年記念で退職者同窓会をやった時、大勢の人々が集まってくれ、辞別の苦悩がようやく懐かしさに醸成されてきていることを、私は感じとっていました。

待っていてくれていたのです。予定より一時間近く後れた私たちのバスを、子どもを交えた一団が、ホテルの玄関で迎えてくれたのです。政子さんはご主人と二人の子どもを伴って、学園で職場結婚した岡本夫妻は二人の子どもとともに、あさ子さんも二人の子どもを連れて。遠く和歌山から容子さんも駈けつけてくれていました。みんな懐しさに顔を輝かせながら、いっぱいの笑顔で迎えてくれたのです。

私はできるだけ平静を装って、両手を広げて彼等の前に歩み寄りました。冷房のききすぎたロビーのためでしょうか、私の腕は感動で鳥肌立っていたのです。

（58年9月）

お母さんの一番素敵な世界

桐生にいる恵子さんは、牧師夫人であるとともに四人の母親です。いつかこんな話をしてくれました。

「近所の子たちが集まっていたんです。みんな学校前の小さな子たちで、一人が僕は〇〇小学校に行くんだ。私は××附属小学校に行くんだと得意気に話し合っているんです。一歩発言が立後れたわが家の子が、『僕は小羊学園に行くからいいもん』と言っているので、私おかしくて。私がいつも小羊学園のことばかり話すもんだから……」

と、澄んだ声で笑ったのを覚えています。恵子さんは、次々と生れてきた子どもたちの前で、娘時代に働いた小羊学園での経験を、楽しいことも、辛いことも、悲しいことも、みんな美しい思い出に昇華させて、繰り返し繰り返し、語って聞かせているに違いないのです。

福岡のかず子さんは、姿の美しい人でした。活水の英文科を出て日本航空に勤めました。地上勤務だったそうですが、若い娘さんには相応しい職場のように私には思えます。しかし彼女は一年すぎた時、その種の華やかさに疑問をもったようです。『信徒の友』という雑誌に出した学園の職員募集の広告を見て、敢然と応募してきたのです。

昭和四十八年というその頃は、小羊学園の歩みにとって、一番辛い時代でした。一年前から、保母さんたちの中からは腰痛を訴える人が出ていました。当時全国的規模で、腰痛問題をてこにして、福祉労働の軽減を図ろうとする、政治的なアクションが広がっていました。

そのためか次々と退職者があり、従来の職員数の確保もままならない状態でした。かず子さんから希望が寄せられた時、「天の配剤」という熟語に現実感を覚えました。

遠い九州福岡から、千キロ離れた浜松まで、若い娘が就職してくるには、家庭の抵抗がなかったはずがありません。しかし牧師の家庭であり、大学の先生をしていた兄さんや他の兄姉も、末娘の彼女の使命感に共鳴したようです。

遠隔感を薄める意味もあって、私は早速福岡まで出かけました。そして多分、彼女やご両親に、学園の仕事の明暗の、明の面だけ強調したと思います。深刻に悩んでいた腰痛問題のことなど、どこまで洩らしたか疑問です。切羽詰まったとはいえ、まるで「ああ野麦峠」の女工募集人のような、卑しい下心があった気がします。少なくとも彼女の使命感に、正面から正直に、使命感で答えた記憶は残念ながらありません。

四十八年八月、彼女は着任しました。福祉や保育の専門的勉強をしていたわけではなく、初めて面倒を見る重い障害児に、戸惑いや驚きがいっぱいあったに違いありません。痩身で、声も身のこなしも優しい彼女が、懸命に頑張っている様子は、痛々しくさえ感じました。しかし私が心配したよりも、彼女の実像は、ずっと強靱で明るかったようです。

ある朝、ぶっ通し十三時間の徹夜夜勤を終えた彼女から報告を聞きました。疲労感は隠せないものの、一番緊張感の高い夜勤を終って、ほっとした彼女の顔は、明るくほころんでいました。しかし一晩中、おむつや漏便と取り組んでいたのでしょう。彼女の黒髪や、すらりとした立ち姿から、子どもたちの便の臭いがたっているのです。日航に勤めていたら、こんな臭いのする娘ではなかっただろうに。私は、すまないと思いました。

一年経過した時、彼女の家庭に変化が起きました。お父さんが病気になり、お母さんの労苦が重くなったのです。それと併せて、彼女自身の心と体の疲労感も限界にきているように私には思えたのです。夏のある日、子どものいないガランとした二階の部屋で、彼女は辞めたいともらしました。美しい頬に、涙が一筋、すーっと流れました。私はその時、改めて彼女に詫びました。

その後、折にふれて手紙をくれます。結婚したこと、子どもができたこと、熊本に転居したこと、福岡に戻ったこと。いつも懐しさが滲んでいる、嬉しい手紙でした。そして先月の便りにこうありました。

「そちらに、必ず、絶対に、伺いたいと思っております。子どもに〝お母さんの一番素敵な世界〟へ、一緒につれて行くと約束してあります。」

今度は、私が一筋、流す番でした。

（61年2月）

●第二章●
心やさしき隣り人

細江町という優しい名の町にて

細江町という優しい名の町です。小羊学園は、その町にあります。学園を出て姫街道を北へ車で六、七分、三方原台地を、長坂と呼ばれる坂で半弓型に下ってくると、右手に広々とした田園が眺められます。ゆるやかにハンドルを左に切ると、気賀の町並が俯瞰され、その背景は、三岳から尉ケ峰へ重なり連なる穏やかな山の姿です。都田川と井伊谷川が合流する落合橋を渡れば、昔風に言うと、そこが気賀の関所のあった宿場町です。今でも春の季節になると、お姫様がお駕籠に乗って、桜の長堤をねり歩きます。

今から十七年前の春のことです。この町にある中日新聞の通信部に、若い記者さんが着任しました。奥田さんといいました。奥さんが生れたばかりの女の赤ちゃんを抱いて、事務所の電話番をしておられました。お子さんがヨチヨチ歩くようになった時、銀行の隣りにある通信部が、車の往来頻繁な県道に面していることが気がかりで、私はそこに寄るたびに、「飛び出しに注意して下さいね」と、声をかけたものでした。

ご家庭は、三年たって男の子が与えられ、そして岐阜県の多治見へ転勤して行かれました。それから十四年がたちました。

ご主人が各地を転々とされ、今、一宮支局のデスクとして仕事をされていることは承知していましたが、奥様やお子さんのことは私の頭から全く消えていました。ところが先日、沢山のベルマークと一緒に、長い手紙を添えた封書をいただきました。奥田さんの奥様からの便りでした。もちろん初めて頂くお手紙であり、奥様のお名前もそれで初めて知りました。

お手紙によれば、上のお嬢さんは高校三年、下の男のお子さんは中学三年のよし。あー、あの時の赤ちゃんたちかと、懐しさが込み上げてきました。そしてその頃、毎日ひどく気負って生きていた自分を、おもはゆく回想したのでした。

文面にこんなところがありました。

「私は通信部で電話番をする生活の中で、銀行や役場にお出かけの折に、時々お立ち寄り下さいました先生にお目にかかり、まだ上手にご挨拶もできない子どもたちに、やさしく声をかけて頂いたことを、鮮明に記憶しております。」

あの頃、銀行も役場も、古時計のボーンボーンという音を聞くような、古風な佇まいだったことを思い出しました。

文面には、さらにこうもありました。

「つのぶえで小羊学園がベルマーク収集をされておられることを知りました。それは私共が新宮支局に在勤中のことでした。以来二年余、お味噌にお菓子にフイルムに……と、付いているベルマークを一点二点と細々と溜め続けて参りました。子どもたちも、給食のマヨネーズの袋を学校から頂いて帰るなど、一生懸命協力してくれました。そして、千点になったら、山浦先生に送ろうと、一家の合言葉にしてきましたが、ようやく昨日、千点を超すことができました。千点ばかりでは、ボール一個もおぼつかない点数と思いますが、お送りさせて頂きます。」

私は手紙を読み終って、しばらく眼を閉じていました。人間は、知らない所で自分が覚えられており、そして支えられていたんだと知った時ほど、大きな喜びはありません。奥田夫人のお手紙と、千点のベルマークは、そのことを私に教えてくれました。

思いやりの豊かな子どもに育てよう。そんな親の願いを実現するに、今日ほど難しい社会は、かつてなかったかも知れません。だからこそ私は、こう思います。

日常的な事柄の中で、近所の出来事や、テレビや新聞で見聞きすることの中で、親が子どもたちの前で、何に対して共感し、何に対して涙を流し、何に対して援助の手を差し延べようとするか。その親の価値観を、子どもたちの前で、即刻、はっきりと示すことがどんなに大切か。どんなに決定的か。その一事です。

小さくても、ささやかでも、親の温かい心を、親の思いやりの心を、子どもは見て学ぶのだと思います。そして育つのだと思います。奥田さんの奥様は、きっと優しい方でしょう。そして、賢いお母さんなのでしょう。

細江町という優しい名の町です。小羊学園は、その町にあります。そこにふさわしい、一つのエピソードです。

（62年4月）

書かせてもらっていいですか

「随分寒いですね、暖房が故障でもしているのですか」

冷たくなっているラジエーターの上に手を並べて固まっている子どもたちを見て、平崎記者が訝かしげに私に問うてきました。昭和四十二年、あと三日でクリスマスを迎えようとする、空っ風の冷たい午前のことでした。

悪いところを見られてしまったという悔を感じながらも、日頃の心易さから、実はこういう事情でと、全部打ち明けてしまったのです。

その事情とは……小羊学園を開園する時、国際婦人福祉協会の援助で、全館にスチーム暖房を設備していました。直火式の暖房では絶対危険だからです。その頃、国から支給される採暖費は極めてわずかで、子どもの活動時間だけ重油を焚いて、一日半しかもちませんでした。あとの二十八日半は「無し」になります。

最初の年は、そのための指定寄付などもあって、曲りなりにも暖房を運転しましたが、二年目の冬を迎えた時には、建設時の借金の返済も滞りがちで、暖房燃料費の捻出がままならなくなっていました。結局、よほど寒い日、朝と就寝前だけ焚いて、あとは我慢しようということにしていたのです。

火の気のない園長室で、一通り聞き終った平崎記者が言いました。

「書かせてもらっていいですか……」

誠実な眼差しでした。押しくらまんじゅうでも始めたのか、居室の方で歓声が上りました。

「どうぞ」と、私は力なく答えていました。

翌朝、前夜夜中まで仕事をしていた私は、七時半頃電話のベルで起されました。電話の主は「今朝、新聞で見ました」と、単刀直入に用件に入ってきたのです。起きぬけのぼんやりした頭が、昨日のことが朝刊に出て、早速反響があったのだとようやく理解すると、急に胸が波打ってきました。

「今からタンクローリーで重油を持って行きます。道を教えて下さい。これから学園が使うだけの重油は、すべて私の方で無料提供します。私は前田油脂という石油販売会社の社長で、このことは今、早朝役員会で決定したので、責任をもって約束します」

この有難い申し出を、ガタガタ震えながら聞いていたのは、部屋の寒さばかりではなかったのです。

私は慌てて学園まで走り、朝刊の地方版を広げて見ました。大きな見出しの記事を一気に読み下すと、平崎記者に電話をかけました。

「こんなに早く！　よかったですね！　新聞記者冥利というものです。九時ですね、すぐ行きます」

平崎記者の興奮気味の声が、電話の向うで弾んでいました。


それから十年、冬はもちろん、春も夏も一年中必要なだけの重油は電話一本で送り届けられました。その間、いつお願いしても、「毎度有難うございます」の声に終始して、「ただで貰っている」という負目を感ずる機会は、遂に一度として経験することはありませんでした。

「これでは甘えすぎています。国からいただく物件費もだんだん多くなりました。他を節約すればお払いできますから、そうさせて下さい」と、お願いを始めてから二、三年後、ちょうど十年目の昭和五十三年の三月末に、前田社長はようやく承知して下さいました。

私は、会社の方々が朝礼しておられる席に出向き、十年間の謝辞をのべて、深々と頭を垂れたのでした。あたたかな拍手に送られて会社の門を出、一人になった時、涙がどっと溢れてきて、それを抑えることができませんでした。

（55年12月）

前田さんへの弔鐘

昭和六十二年四月十七日、正午すぎ、新聞の訃報欄を見て私は眼をむきました。

「前田俊輝氏（元浜松青年会議所理事長、前田油脂代表取締役社長）十五日午後二時三十分、心筋こうそくのため浜松市富塚町の県西部浜松医療センターで死去。四十六歳。密葬は十七日正午から自宅で、本葬は五月一日……」

写真も名前も、紛れもなく前田さんです。今なら間にあう。一眼でもお目にかかりたい。私はそう思うと、喪服に着替える間もなく、そのままの服装で車を走らせました。斎場に着くと、柩はすでに地階に安置され、最後の別れをする人々の列が終りかけていました。間にあったのです。

前田さんのお顔は柩の中で鎮まっていました。私はそのお顔に、二十年前の青年のお顔を重ねて見ていたのです。斎場を出て車に乗った時、あーあの時は、前田さんは二十六歳の青年社長だったのだと思うと、私はしばらく、車を発進させることができませんでした。

先日私は、前田さんの思い出を再認識したいと、昔の資料を探したところ、十年前の新聞記事が出てきました。「浜松市の石油販売会社社長、十年間も施設に重油贈る。忘れえぬあの善意、山浦園長開園直後をふり返り感謝」という大きな見出しの記事です。その記事を部分的に転載してみましょう。

「小羊学園は四十一年五月に開園。開園一年目の冬は寄付金などでどうにか暖房できたが、翌年の冬には重油代がまったくなくて、冷たいラジエーターの前で子どもたちが無心に暖をとろうとしていた。この模様を本紙が報じたところ、記事を読んで心を痛めた前田社長が『この子どもたちに暖かい冬を過ごしてもらおう』と役員会に諮り、プレゼントになった。

——その後、ことしの四月までの十年四カ月、施設で必要な重油（給湯、暖房用）がタンクローリーで届けられた。

──前田社長は『あの頃、たまたま長女が生れた時だった。健康に生れた自分の子どもに比べ、不幸を背負った子どもたちのためにせめても……』という気持ちだったという。山浦園長は『十年前の福祉に対する一般の認識は、今と比べれば低いものだった。そんな時に私たちを助けていただき感謝の気持ちでいっぱいです』。そして『施設で働く全員の精神的な大きな支えとなってきた』とも。

──さる三日には山浦園長が同社を訪れ、朝礼で役員、会社員に永い間のお礼を述べ『重油代も払えるようになり、この四月から購入させて欲しい』と申し出た。」

斎場でお別れした翌々日、日曜日の早朝、私はいつものように、毎週一度吹き込んでいるテレホンメッセージの電話のマイクに語りかけていました。前田さんが私たちにどんなことをして下さったか、それがどんなに助かり、どんなに励まされたか。幾度も絶句し、やり直しながら、三分間のテープに思いのいっぱいを語ったのです。誰に勧められたのでも頼まれたわけでもありません。私だけができる、前田さんへの弔辞であり、弔鐘でありました。

翌月曜日の夕方でした。たまたま前田油脂のタンクローリーが灯油を運んできてくれました。伝票に印を押しながら、従業員の方に「社長さんが」と、お悔みを言ったのです。そして気がついて、「勝手にこんなことをしました」と、テレホンメッセージの三八─一四〇〇番を印刷したカードを数枚お渡ししました。そのためでしょう。翌日からテレホンサービスの電話のベルは、鳴り通しだったようです。

五月一日、天林寺の盛大な本葬の後、グランドホテルの大広間で、前田さんを「偲ぶ会」が開かれました。四十六歳の若い死を悼む、何百人という方が集まっていました。開会すると、会場の照明が落とされ、ステージに飾られた花に囲まれた大きな遺影に明るいスポットが当てられ、在りし日の前田さんの姿がうかびました。

司会者の静かなアナウンスが会場に流れました。次の瞬間、私は全く予期しない進行に、半ば茫然となりました。私のテレホンメッセージ・心のともしびの活動が紹介され、私の電話に吹き込んだ声が三分間、静寂な会場にそのまま流されたのです。司会者は、「これこそ前田俊輝という人物を、もっともよく現わしたエピソードです」と結びました。

図らずも、一生にたった一度だけ、前田さんにお返しらしいものができたと、私は胸を震わせていたのです。

（62年5月）

邂逅

学園の北側に極めて人工的な疏水があります。開園した頃は趣の深い自然の小川でしたが、土地整理事業の排水路として、両岸にコンクリートブロックの壁が構築されて、今の姿になったのは十年前のことです。

常にはさしたる水量もなく、近所のご老人が釣糸を下すことがあっても、ついぞ釣れた気配を知りません。時折、こさぎの白い姿が水面をよぎるのが、一抹の風情です。

大雨が降ると、相貌は変ります。三方原台地の赤土色に染った雨水の束が、うねりながら浜名湖を目指して、学園の横をかけぬけて行きます。梅雨時は、そんな光景がしばしば見られます。

今回はこの川の工事が行われた時の、忘れ難い思い出を紹介してみましょう。

「園長さん、もうイヤ！　あの人たちになんとか言ってやって下さい」

若い保母さんたちが、口を揃えて甲高く訴えるには、それなりの理由がありました。

毎日工事に来ている労働者の皆さんが、力仕事にありがちな持ち前の気さくさと、集団心理の陽気さで、若い娘たちをからかったりするわけです。工事の施主でもなし、工事場の通行者に対する気持ちで、「ようー姐さん、いい後ろ姿」とか、「お嬢さん、今晩おひま」とか、時折それ以下の、少々品の悪い冗談もとんでくるらしいのです。

真正面からの抗議も大人気ないし、私は工事の進捗を見物しながら、私たちの仕事の内容を説明して、それとなく牽制するとともに、職員にはなるべく距離を保つよう注意したりしていました。

しかし子どもたちはそんなことは気にしません。いつの間にか警戒線を突破して工事現場に下り、仕事を覗きこんだり、時には弁当を失敬する騒ぎもありました。

すみませんと子どもを連れ戻しに行ったり、来ていたよと連れて来て下さる、そんな交流が、結局私たちとの結びつきを深くしたようです。

いつの間にか、工事の人たちは昼休みの時間を利用して、子どものボール遊びの相手をしてくれるようになりました。その頃になると、若い娘というものは遠慮がありません。ドラム罐で焼却炉を工夫してとか、フトン干を修理してとか、直接交渉で「奉仕」をオーダーするようになりました。

かなりの時日にわたった工事が終った時、現場責任者の方が、改まった服装で私を訪ねて来られました。子どもたちへの沢山のお土産とともに、われわれの気持ちですと、水引の祝儀袋を差し出されました。そしてこう言われたのです。

「思いがけなく、子どもさんの側で工事をさせていただき、本当に良かったと思っています。工事中に、働いている連中の気持ちや考え方が、随分変ったようでした。皆、とても良い勉強をしたと申していました。有難うございました。……」

記念に何か奉仕をしたいという有難い申し出に、その頃予定していた職員宿舎工事のために、整地作業をお願いしたところ、快諾してくれました。

翌日、整地作業の現場に行ってみました。大きなブルトーザーを運転しているのは、眉根のけわしい、背中に刺青があってもおかしくないような、私と同年輩のおじさんでした。ブルの騒音を止めて一息入れた時、黒メガネの奥の眼《まなこ》で私を見据えて、こう申しました。

「先生、わしのような者が言うのは変だけれどね、わしは、ここに来て……」

と口ごもりながら、思いきったように言葉を続けたのです。

「要するに……人生観が変ったよ」

私は今でも、あのブルの運転手さんの顔を思い出すと、胸が熱くなります。人の邂逅の不思議さを秘めて、疏水の面は、雨足の輪を広げています。

(55年7月)

師走のうしろ姿

降誕祭を終った二十五、六日頃に、大方の子どもは冬休みで帰省します。残った子どもも、三十日までには迎えがくることが多く、その頃には職員の姿もちらほらとなり、ついには、森閑とした空ろな園舎で、私一人がつくねんと留守番をしているという形が、恒例でした。

風で枯葉が転がる、かさこそという音を耳にする、三十日の暮れか、三十一日の午後、毎年、決った形で訪れて下さるご老人がありました。

いつも仕事着のジャンパー姿。白い軍手に自転車のハンドルを握って、玄関前にゆっくりとスタンドを立てるのです。

「今年もこうして来れました。有難うございました……」

呟くように、祈るようにそう言って、つつましく祝儀袋を差し出されるのです。(帰られてから封を開けると、いつも一万円札が入っていました)

こんなことが、五、六年続いたでしょうか。そのつど、住所や名前を伺いたいとお願いしても、玄関の立ち話で、身の上や来て下さる心情をお訊ねしても、頑として語ろうとはされませんでした。

今年の冬の寒いこと、温かいこと、こういう仕事はご苦労さんだという話以上には、発展しないのです。ある年、ちょうど明子先生が一緒で、彼女が誘うように訊こうとするのですが、やはり駄目でした。ただ、この行為が、今年一年、生きてこれた感謝の証だということ、そして、「もし来年こなかったら、私が病気か、死んだのだと思って下さい」という言葉が、得られたことでした。

職人仕事をしておられるのだろうか。もっと肉体的に厳しい条件で働いておられるのだろうか。青年になった孫から、おじいさんと呼ばれてよい年齢のこの方が、どう考えても豊かだとは見えず、この世的に幸せだとは映りません。

押し詰った年の暮、最後まで働いて、帰途ぎりぎりのところで小羊学園に立ち寄り、精いっぱいの献金をして、なぜか「有難うございました」と言って立ち去られるその様子に、私は切ないほどの感動を覚えたのです。

「また来年これるとよいのですが……」

陽が落ちて、白々と寒気の増した学園前の坂道を、自転車を押し上げるように帰って行かれるうしろ姿を見送ったのが、三年前のことでした。

あのご老人は、一昨年の暮も、去年の暮も、ついに現われて下さいませんでした。

「うしろ姿で語る」とは、古くて新しい言葉です。親子関係でも師弟の関係でも、お互い真正面を向いての、言葉と体とによる思想の伝承が困難になった時、忽然として「うしろ姿で語る」という言葉が、甦ってきます。現代もその時代のようです。

私自身、いつの間にか社会事業家の信念を、伝承しなければならない年齢に達してしまいました。しかし、日本の社会福祉が極端に貧しく後進的であった時代の苦労話など、傾聴してくれる忍耐深い青年も、少なくなりました。結局「うしろ姿で語る」ほかに、途がないような気がします。

そんな時、私はあの匿名のご老人の、うしろ姿を思い出すのです。あの背には、自分の歩んだ道を、それが失意や失敗であっても、ごうも人のせいにしない、毅然とした爽かなものがありました。名利を求めず、人に知られることを欲しない。あくまで孤独で、自由で、ただ残るものは感謝だけ……私にはそう見えたのです。

あのご老人の「うしろ姿」に似たい。それが、今の私の願いです。

年の暮　笠着て　わらじ履きながら

芭蕉の句であったと覚えています。来年は、お互いどんな旅を歩くのでしょうか。

（54年12月）

キャバレーでの一時間

ネオンの門をくぐると自動ドアーが開き、黒いスーツの青年がにこやかに迎えてくれました。

「お待ちしていました。どうぞこちらへ」

「お招きいただきまして、有難うございます」

私はふかぶかと頭を下げました。

フロアの正面がステージになっており、明るいライトの下で、若い女性歌手が華やかに唄っていました。正面二階は演奏用のボックスになっていて、数人のバンドマンが伴奏をしています。あれはなんと言うのでしょうか、ボール状の多面体のミラーが反射して、二階に吹きぬけた天井に星を散りばめ、ぐるぐる回転しています。

ほの暗い客席のテーブルには、赤い灯のスタンドが置かれ、それを囲むように、お客さんとホステスさんが賑やかに談笑していました。私が案内されて行くと、それと気づいたホステスさんたちが、一斉に拍手をして迎えて下さいました。私はもう一度ふかぶかと頭を下げて、入口に近い席に腰を下したのです。

イブニングドレスの美しい女性が、挨拶にこられました。

「園長先生がおいで下さったので、私たちとても喜んでいます」

「それはそれは」

「お子さんたちはお元気ですか」

「おかげさまで、無事に過ごしています」


明日はイースター。毎週土曜日の午前におこなっている教会学校で、私は子どもたちに、イエス様がご復活なさった聖書の話をしました。その夜の九時半、街にあるKというキャバレーに向ったのです。およそ不似合な私が、そこに出かけるようになった、ことの次第をお話しせねばなりません。

キャバレーなど多様な社交場を手広く経営しているある観光会社の従業員の皆さんが、小羊学園に関心を持たれ、少なからぬ経済的援助を続けて下さるようになってから、五年目になりました。

私は、このグループの方々との最初の出逢いをよく覚えています。五十二年、早春のことでした。訪れて下さった二十人ほどの方の前で、私は学園の説明をしていました。どなたがいらしても一応は語る、言わば定式化した話をしていたのです。決して特別な話題ではありません。

それなのにふと見ると、女性の中で数人の方が、眼に涙をいっぱいやどしておられるのです。私は狼狽《うろた》えました。

戦後、頑なに、偏狭にしか生きられなかった私が、なにほど人生の深みを知っているというのでしょう。私よりも二十年も三十年も年若で、親子ほど違うこの女性たちは、私などよりはるかに、人を愛することの悦びと哀しみを、深刻に味わっておられるのでしょう。憧れと失意との間にするどく張り渡された琴線に、私の言葉が触れた時、泪が生れたのでしょうか。風化しがちな自分の言葉を甦らされた思いがして、私は驚き、感動したのです。

「ホステスさんが、自分の持ってきた品物をお客さんにチャリティーセールして、それを小羊学園に差し上げたいというのです。もしお厭でなかったら、顔をお見せ下さいませんか……」

遠慮がちな申し出でした。

「参ります。私はこの年になるまで、そういう所に行った経験がないのです。一度お店に入れていただければと思っていました」

キャバレーKは、小説やテレビで見て承知していた印象より、ずっと健康的で楽しいものに感じられました。ジュースを飲みながら待つこと三十分、いよいよチャリティーセールの開幕です。

ステージの机の上に並べられたのは、洋酒のボトル、花瓶、コーヒーセット、掛時計、アクセサリー、そんな生活の匂いのする、意外に地味な品物でした。司会者のユーモアたっぷりな呼びかけと、ホステスさんの誘いで、品物はスピーディーに、一品残らず全部売り上げられてしまいました。

女性歌手のショーが進められている間に集計され、用意がされたのでしょう。ファンファーレとともに、スポットライトの下に、私は場違いな姿をさらしました。ホステスさんの代表の方が、私に部厚い祝儀袋を贈って下さいました。お客さんやホステスさんの盛んな拍手に、「有難うございました」と大きな声で応えました。そして小さな声で、ホステスさんに言ったのです。

「今日はとても楽しかったです」

（56年5月）

歯科事始

その時、学園にはまれな、ただならない雰囲気になっていたのです。

若い看護婦が涙声で訴えます。「歯が痛くて、泣きながら戸を叩いているんですよ。可哀想じゃありませんか！」

主任看護婦も苛立って、大声で切り返します。「そんなに私を責めても仕方がないでしょう。歯を治すのは私でなくて、歯医者さんなんですからね！」

「だからと言って」

「もうやめて！」

事務室でのこの騒ぎは、ガラス一枚の園長室に、彼女らの口許の震えまでが伝わってきそうです。

「あれはなんですか」

気軽で好奇心のつよい山本記者が、椅子から中腰になって尋ねました。用向きのない訪問に用ができた感じでした。

なんの方法もなく立ち去る若い看護婦の、手荒く閉めるドアの音がすんだ後で、私はことの次第を語らずを得ませんでした。四十七年十二月初めのことでした。

当時、歯科の問題については、ほとほと困り果てていました。子どもたちが歯科医に行って長時間待ち、やっと診察室に入っても、緊張したり頑固に拒否したりして口を開けてくれない。こんなことでは治療できませんと帰されてしまうのです。待合室で待ちきれず騒ぎだし、他の人たちに迷惑になるので引き揚げてきたり、無理に治療するには、職員が三人は付添って行かねばならず、どうにもならなくて、治療を諦めることもしばしばだったのです。

今の言い争いは、その悩みの一断面であり、私として何とか歯科医の協力で、施設内でムシ歯の治療をしてもらいたい、と語りました。事情を聴きおわると、山本記者は「記事にさせてもらいます」と、急いで園長室を出て行きました。

翌日、静岡新聞の朝刊に問題として訴えられました。開園以来の後援者である、藤枝市の中原先生(歯科医)が、心配して遠くから見えて下さいました。そして、当時の浜松市歯科医師会長、安岡魁先生が、現場視察のために来園して下さったのです。これが先生との出会いでした。先生のすすめで、私は「浜松歯科医師会の皆様へお願い」という一文を書きました。

「これほど科学が進歩し、医学が進歩し、国の経済が豊かになり、加えてこれほど福祉が叫ばれる時代にあって、障害のある子どもたちは、昔となんら変りなく、歯が悪くても歯科医にかかることができないのです……」

「私は悲しみと痛みとをもって、心から皆様に訴えます。訴えるすべもない子どもたちの訴えをかわって申し上げます。どうかこの子どもたちの歯を治療してやって下さい。この子らに本当の福祉の光をあててやって下さい。私は進歩してやまない科学と、人間のあたたかな善意を信じています。皆様のお力で、どうかこの子どもたちの苦痛をとりさってやって下さい。心からお願いします。」

今見れば、下手な文章でした。しかし切羽詰まって一生懸命に書いた、私の生涯にも数少ない、真剣な文章でした。浜松歯科医師会の皆さんは、これを、がっしりと受けとめて下さったのです。

まもなく、当時隣接して工事中のおおぞらの家に、安岡先生の指導で立派な歯科室が新設されました。以来今日まで九年、「浜松市歯科医師会おおぞらの家歯科診療班」の活動が続いています。

ちなみに五十六年度受診者内訳は、小羊八四、おおぞら七八、若樹七一、その他の施設学校二三四、在宅三三、合計五〇〇でした。診療日数は三五日、担当医師延四二、歯科衛生士延三六となっています。

今では、数では関係三施設の利用よりも、他施設や在宅児の方が多くなり、好評を受けています。十年前の悩みは、古い職員のみの知る、語り草となりました。

先日、遠来の友人を横に乗せて、高町の交差点を左に折れました。ハンドルを握ったまま、私が頭を下げると、友人はそれを見とがめて「君、今お辞儀をしたのか」と尋ねました。私は笑いながら答えました。

「安岡歯科という看板に気がついたかね。僕はここを通ると自然と頭が下がるのだ。それが癖になってね。大勢の歯医者さんに感謝のつもりらしい」

その理由を説明せずに浜松駅で別れた友人に、見せてやりたくて、この一文を草したのです。

（57年5月）

あなたは信じますか
人生には この導きの 糸のあることを

町の住宅団地を出外れた道路に、大きな男の子が駄々をこねる形で寝そべっています。その側でなだめながら付添っていた山本さんは、車から降りた私の顔を見るなり、「あーよかった！園長先生」と、安堵の声をあげました。紅潮した彼女の顔が、一瞬べそをかいた子どもの面に変りました。

大きな男の子を私の車に乗せ、ドアーを閉めた時、始めて周りの景色が眼に入りました。路の両側の深い緑が、初夏を告げる朝の陽に鮮かに映えていたのです。「今日も助けていただいた」という感謝を、暖かな、しかし重い外套として、また一枚着重ねた思いがしたのです。

事の次第を時間を追って語れば、こうなります。朝七時、トヨ君が無断外出したとの電話で急ぎ学園に出、数名の職員と捜索を始めました。八時半頃、元職員の山本さん（直前まで調理で働いて下さった主婦の方）から電話が入りました。「今、トヨ君が自分の家の前を駈けて通った、すぐ追いかけるから来て欲しい」ということです。山本さんの家は隣町の金指町、学園から五キロほど離れた住宅団地です。他を捜しあぐねて戻った私は、それを聞くなり急いで車を走らせたのです。

山本さんの家に寄り、誰もいないことを確かめると、早速近所を廻ってみたのです。間もなく出会ったのが、先ほどの情景だったわけです。

山本さんの家まで戻ると、二人の保母さんが待っていました。トヨ君を前にして、私たち四人は、緊張のほぐれた安心感から、かなり饒舌になっていました。山本さんは昂奮気味に言います。「私が窓の外を見たその瞬間に通りすぎたのよ」。「山本さんのいるこの団地に、よく来てくれたものね」と大胡さん。「こんな方面には一度も来たことがないはずなのに」と禎子さん。「この団地に三本道がある。どうして山本さんの家のあるこの道を通ったのだろう」と私。「不思議ね、よかったね」と、口を揃えた言葉が弾みます。

当のトヨ君は、車の中でご機嫌に体を揺すり、早く帰ろうと無心に手を伸ばすばかりでした。

トヨ君は年少の頃、重い知能障害と聴覚障害をもつ、典型的な多動性の自閉児でした。無断外出の機会が多く、私たちはそのたびに愛しく、またすまないと思って、案じ続けてきました。年長になってから次第に落ち着き、この二、三年、彼を捜すというような面倒は忘れていたのです。

ところが前述の事件の十日前、久々に事が起ったのです。その日私は、朝の五時半に呼ばれました。七時半ごろになって、学園から六キロほど離れた細江公園の山を登って行く男の子がいるとの地域の方の通報で、私たちは四台の車で現場に駆けつけたのです。国民宿舎前を捜索基地に定め、私がそこに陣どって学園と電話連絡をとりつつ、若い職員に捜索を指示していました。

細江公園の北東側に広がる深い森や山並を眺めていたら、県内のある施設が経験した不幸な事件、山に迷い込んで行方不明となり、翌年白骨死体で発見された子どもの話などが思い出され、不吉な予感におののいていたのです。

九時半、学園からの電話が国民宿舎にあり、すぐ私に知らされました。公園の山裾にある「東海アマノ」という工場で、保護して下さっているという連絡です。ここからなら車で五分とかからない所です。若い職員が一息で車で下り、無事受けとることができました。

「東海アマノ」という会社は、年末になると従業員の方たちが、こぞってカンパを寄せ、多額の献金にして持参下さるのが長年の恒例になっている、後援者でした。しかるに私がこの会社を訪れたのはこの機会が始めてだったのです。

私はトヨ君をお世話下さった総務の課長さんに、「あの子が、よくぞこの工場を選んで寄ってくれたものです。本当に不思議な気がします」と、深々と頭を下げたのです。

加えて山本さんの窓の前を駆けて通った今回のできごとです。まるで不思議な絆に誘導されるように、親身な人たちに助けていただいた熱い思いを、私は長い間に、数えきれないほど経験してきました。私はこのことを決して偶然とは思っていません。

あなたは信じますか。人生には、この導きの糸のあることを。

(58年5月)

●第三章●
純な心の子どもたち

母さんごめんね

東名から富士宮道路に入って、間もない出口で左に折れると、数分で目的の身体障害者療護施設がありました。夏の盛りだというのに、街並では味わえない澄明な空気は、裾野の樹林の香りをいっぱいに含んで秋の気配を感じさせます。

久しぶりに逢ったユー子さんは、予想以上に成人になっていました。十四年前、八歳で小羊に入園してきた時、応接室のソファの上で軀を二つ折りにして、ねじり上げた顔の怒ったような幼い眼。私が夜勤の時は、就寝前にいつもお祈りしてくれとせがむので、掌を置いて祈った、小さな頭の感触。それらが思い出となったことを改めて知りました。

重い脳性マヒのユー子さんは、子どもの時よりずっと聞き取りにくくなった言葉を、自分でももどかしく思うのか、不随意運動でままならない腕を動かして、傍に置かれた文字版を指で差します。

「よくきてくださいました。うれしいです。なんじかんおられますか。一じかん、二じかんですか」

いかにも最近の施設らしい、限度いっぱいに開かれた南面から、涼しい風が入ってきます。私はカーペットの床に、畳一枚分ほど高くした彼女のプライベートスペースに、持参したお土産を並べました。たぬきの縫いぐるみ。著者のサイン入りの童話本。中国旅行の折に買ってきた女持ちの扇子。

小さい時から私たちと十年一緒に暮したユー子さんは、起立はもちろん、坐位もままならない重い脳性マヒでしたが、知能障害は軽度で、周囲の状況がよく理解できました。それだけに、小羊学園に在園することが必ずしも適当でないと知りつつ、といって別な方途もなく、職員たちは矛盾を補うつもりで、夜自分の時間を使って、この子に一生懸命、学習を続けました。そして電動タイプも覚えたのです。

四年前、この成人の療護施設ができた時、ちょうど十八歳になった彼女の転園が受入れられました。少女期を小羊で過ごした彼女は他に知る人もなく、寂しくなると学園の誰彼に、タイプの手紙や電話で、逢いたいと訴えてきていました。当然なこととして私もその対象の一人でした。国立富士病院の集りに講演を依頼され、それに出向く前、落ち着かない時間を利用しての訪問でした。

彼女の人恋しさには、固有の理由がありました。小羊に来た時から、ユー子さんは複雑な家庭の問題を背負っていました。長い葛藤の後、実のご両親は離婚し、お父さん、お母さん共にそれぞれ再婚し、彼女には異父異母の兄弟が五人にもなりました。面会や帰省の折、私でさえ家族関係の絆が分らなくなって戸迷うことがありました。

大人の愛憎のしがらみに暖かな眼をそそぐことはできても、それがこの障害の重いユー子さんの心に、どんなかかわりを持つかと思うと、憮然たる思いがあったものです。

私はユー子さんの傷口に手を触れる思いで、尋ねてみました。

「お母さん、お父さん面会に来て下さる?」

彼女は悲しそうに顔をゆがめて、文字を指で差しました。

「きてくれない。もうながく」

彼女は私に、自分の作った詩を見せてくれました。その中にこんな詩があったので書きとめてきました。

　「ごめんね」

こんな娘で　ごめんね
なんにも親孝行できなくて
こんな私を許して下さい

できることは　一生けんめいに
生きることしかできません
とうさん　ほんとに　ごめんなさい
母さんこんな娘で　ごめんね
母さんの手伝いを　やりたいけれど
私にはできないわ　ただできることは
それは私が一生けんめい生きること
それがせめての　親孝行です
　母さん　ごめんね

別れる時、駐車場から彼女の部屋が見えました。うつ伏せのまま上体をよじるように顔を上げ、手を振ってくれました。ごめんねという詩の中に、精いっぱい両親への思慕を訴えている彼女に、私は打たれていました。

「親ごさんは、わが子のこころを、どれだけわかっているのだろうか」

不遜な心のささやきを、私は辛い気持ちで打消そうとしながら、緑風を車で切って走りました。


（57年8月）

その後 ユー子さんは

格別に長い厳しい冬が、まるで重い緞帳が上るように終って、自然の舞台は今日から春になっていました。富士のお山は、山ひだを残雪で埋め、山頂から噴煙のような雲を東にたなびかせています。裾野にある身体障害者療護施設（労働不能な重い障害の方たちが生活している施設）に立寄ったのは、久しぶりにユー子さんに逢うためです。

ユー子さんは、脳性マヒの体をカーペットの床の上に屈伸させながら、震える指で「せんせいおげんきでしたか」と文字板を指してくれます。「有難う、このとおりです。早く来ようと思いながら、こんなに遅くなってしまって……」と、私はくどくどと自分の忙しさを弁明します。

今朝甲府を発ってここへ来たのは、十日程前にかかってきたユー子さんからの、ほとんど無言に近い電話に促されてのことでした。今日一日が、彼女の訪問だけでついやされることは確かです。私はそれなりに彼女に誠実なつもりでしたが……。少なくとも彼女の詩を見るまでは。

「ふるさと」
私のふるさとは　富士の吉原です
でも育ったところは　浜松です
浜松には楽しいことばかりありました
なかにはイヤなこともありました
でも先生たちにめいわくかけてごめんなさい
浜松が私の本当のふるさとです
ねえ　また遊びにいってもいいですか
　私のふるさと

彼女は八歳から十年間、小羊で私たちと過ごした生活を、故里と呼んでくれているのです。年よりも幼いこの人の心に偽りはありません。

「てれほん」
てれほんのむこうで　だれかの声がきこえる
なつかしい声がきこえる
ああー　あいたいなあー

それが私のわがままですね
わかっているのに　声がききたい
わがままを　なおそうとしても
またすぐあいたくなるのです
　ごめんなさい　せんせい

彼女が一人で電話できるわけではありません。ここの職員さんの手助けを得てのことです。相手が出たところで代っても、今度は意思を伝える発音ができません。結局彼女は、一方的に聞くことになります。小羊学園に電話をかけた時、彼女はこの詩の思いで、私たちの声を聞いていたのか。私は胸が熱くなりました。

私は隣接する看護短大で、十数年、社会福祉の講義をしてきました。ケースワークについて語る時、いつも、ワーカーと対象者との関係は「専門職業的人間関係」であって、その関係が了ってからの過度な情緒的な結びつきは、慎むべきだと教えてきました。しかし、私たちとユー子さんとの関係は、理屈では割り切れないものが残ってしまったようです。

彼女の純で熱い訴えに応えていない、自分のこころの間隙を見い出して、私はユー子さんに、すまないと思いました。

「あなたのお世話をしたい」
私はこんな体だから　あなたのお荷物になってしまう
でもお世話をしたい
神様にお願いして　あなたのそばにいつまでもいたい
でもそれは　むりな話ですね
それでも　いいの
たとえ夢で終ってもいいの
　私のねがいです

私の膝の上で、ブランコを揺すった小さなユー子さんが、このような乙女らしい夢をうたうようになってから、久しくなりました。富士に集まる天水が、火山砂れき層にしみて一気に裾野にかけ下り、このあたりで清冽な湧水となって流れるさまに似た、ユー子さんの心情の成長を、私は眩しい思いで見たのです。

「好きな人」
愛されなくても　愛してしまう

どうしてだろうか私にはわかりません
好きな人の前に出ると
心の中の想いが　外に出ていってしまいます
　はずかしくなってしまう私

胸いっぱいに膨らんだ、娘らしい想いの対象が、実在のひとなのか、あこがれの幻なのか、私には確かめる勇気がありません。
「若い先生たちに面会に来てもらいましょうね。ユー子さんの恋の話を聞くには、園長さんは年をとりすぎたようだ……」と言いながら、私は鼻の老眼鏡をずり上げます。ユー子さんは、カーペットの上でのけぞって、明るく笑っていました。

（59年3月）

北陸本線しらさぎ号

富山を発つ時、幾分余裕のあった特急しらさぎ6号の自由席は、次の高岡の駅でいっぱいになり、金沢では、かなりの人たちが通路に立つようになりました。一月五日の上り列車は、やはり相当の混雑です。アキ君は私の隣りで、昨日買ってやったポケットカメラを右手に左手にと持ち替え、飽かずに眺めています。いかにも満足気で、読書している私の顔を、時々のぞき込んで、無垢な少年の面差しのまま、ニコニコ笑っています。

正月中、暖かな晴天に恵まれてきた北陸も、今日は本来の欝々とした曇り空です。加賀温泉、芦原温泉のあたりから、車窓から雨足が眺められるように変りました。

「おみかんたべようか」

「ウン」

「お弁当たべようか」

「ウン」

頼りないほど逆らわないアキ君を見ていると、改めて、彼と私と、しらさぎ号の、深いえにしを思うのです。

春夏冬と、十三年で三十九回、私は恐らくこの半分の数はこの子と一緒に、富山まで北陸線の特急で往復してきたと思うのです。この旅を始めた頃、小さかったアキ君も、今年は成人式を迎えます。しかし背恰好は、小六ですといっても、多分、人は疑わないでしょう。

アキ君は乳児院、養護施設、病院をへて、小羊学園に来たのが五歳の時です。体重は九キロ、手足が針金のような子どもでした。虚弱で、涙を出さないで、アーアーと赤子のような声で泣きました。学園が休みになり、子どもたちが親ごさんに手を引かれて家に帰る時、彼には迎えにくる人も帰るべき家もありませんでした。アキ君は廊下の床で、小さな体で寂しさを包み込むように、かたつむりの形で泣きました。

遠い富山にいる、子育ての終ったあるご夫婦が、この話に痛く心を動かしてくれました。この夫婦は私の金蘭の友です。かつて戦乱の中国（旧満洲）で、今日の命を分ちあった縁でした。夫婦は、学園が定める帰省の期間、アキ君の里親になろうと言ってくれました。私は喜んで、絶対の信頼をもって彼を託しました。

アキ君が学園に来てから三年目の夏、この富山行の旅行が始まり、この子にも「オウチ」ができたのです。帰省の付添いは、富山の家庭と学園の職員とで、都合を付け合って送迎してきました。

富山の「オウチ」には、アキ君の整理ダンスから玩具箱、雨合羽や長グツ、いろんな物が揃いました。何より有難いことは、この家庭の努力で、近所の人たち子どもたちが、「アキちゃんお帰り」と、暖かく受け入れてくれるようになったことでした。彼は富山の「カアチャン」に連れられて、買物から近所のお葬式まで、いろんな所に出かけました。帰省のたびに言語が発達しましたが、面白いことに、富山弁でした。

ただ、初めて経験した幸せの到来が、小さな頭で整理しきれず、「ココアキチャンノオウチネ!」と畳を叩き、「そうよ」と言う「カアチャン」の断言を、幾度も求めるのです。彼は写真に、特別につよい関心を持っていますが、自分の赤ちゃんの時の写真を見せてとせがむのには、「オウチ」の家族も困ったようでした。しかし十年にわたる愛の重みは、アキ君のさだかでない疑問も、意味のないものにしてしまいました。

しらさぎ号が福井、敦賀と過ぎる頃になると、アキ君はいつも「オスシカウ?」と尋ねます。それは富山名産鱒ずしをお土産に買うなら、今が最後だよと、私に促しているのです。

しらさぎ号は、米原で列車の進行方向が東に変ります。一度立って坐席を一回転させると、彼はこれを待っていたかの如くに、学園の話を始めます。ここで、富山の「オウチ」から学園の生活へと切替えるようです。

「ガクエンダレカエッテル……ケンチャン」

「いるよ」

「ハルミチャン」

「いるよ」

「ケイコチャン」

「いるよ」

「サエチャン」

「まだ」

……とめどがありません。私はこの子との十五年の付き合いを、あくびの中にかみ殺しながら、うとうとしてしまいます。

「ネンネスルネ」

「あー寝て下さいよ、先生も寝ますからね」

この列車の終点は名古屋、新幹線に乗り替えるので、寝すごす心配はありません。私の冬休み。心も体もしんから和らぐ、穏やかなひと時です。


（58年1月）

彼は四歳で生れたのです

残っていた子どもたちも、それぞれお迎えが来て家庭に帰った暮れの三十日の夜、ケン君は大胡先生の家へ、アキ君は私の家へ移ってきました。これで正月の四日までは、学園を閉鎖してお休みができるというハッピーな状態になりました。

アキ君は本来なら、帰省期間中、里親になって下さる富山の「オウチ」に行くはずでした。早くから二十八日の切符を用意していたのですが、親代りに面倒を見て下さる富山の「カアチャン」が病気で入院し、二十二日、胃の切除という大手術をされたのです。

もちろんそんな大変な時にお願いできるわけがなく、急遽お正月は私の家で過ごすことにしました。親代りのまた代りというわけです。

代りといっても、所詮園長の家です。アキ君にとっては十数年通いなれた富山のオウチのようには甘えられず、かなりの緊張感もあったでしょう。しかしすぐに馴れて、わが家の猫二匹にこわごわと興味をしめすので、「アキちゃんはこの猫たちのお兄ちゃんだよ」と教えると、すっかりその気になって馴染んでいました。

大つごもりは掃除の手伝い。元旦は写真の整理。二日は東名を西へ走って明治村へ。三日は高野のおじいちゃんを訪問し、四日は佐鳴湖へ出かけるなど、かなり充実した日程だったように思います。

三日のお雑煮をいただきながら、「誰か先生の家も訪ねてみようか」と訊くと、アキ君ははっきりと「高野のおじいちゃんの所に行く」と意志表示をしたのです。

高野さんは老令でしたが、小羊学園の洗濯場で十年働いて下さいました。昨年の春、高令のため退職されました。彼が高野さんの名をあげた時、私はこの半年、安否を問うことも忘れていた自分の怠慢を、責められる痛みを感じました。

ちょうどよい機会とアキ君と連れだってお訪ねすると、案の定、老夫妻でひっそりと火燵《こたつ》に入った正月を過ごしておられました。予告なしの私たちの訪問を、とても喜んで下さいました。

アキ君は学園が空になっている間、ひとりぼっちで残されていたアヒルの面倒をみに、毎日熱心に通いました。誰もいないと、ひどく広く見える学園の敷地の一角に、一匹だけで囲われているアヒルを、「可哀想ね」と労っていたのです。

高野さんを訪ねたいと希望した彼のこころに、私は細いガラス細工のようなやさしさを見たのです。

「太君いつ学園にきたの？」

「ちっちゃい時です」

「きた時どうしてた？」

「ピーピー泣いてばかりいました」

「泣いてからどうしたの？」

「先生とお散歩に行きました」

「お散歩から帰ってどうしたの?」

「……」

きりがありません。

高野さんからの帰途、アキ君は車の助手席から、学園の子どもたちの名を次から次へと挙げて、同じ質問をしてきてとどまることがありません。しかも数人の名を挙げるその合間に、彼はこう聞くのです。

「ぼく学園にきた時ちっちゃかった?」

「そうですよ、四歳だからね」

「ぼく病気してた?」

「聖隷病院に入院していて病気が治ったので学園にきたの」

「きてからどうした?」

「先生とお勉強したり遊んだりしました」

「泣いてばかりいた?」

「そう泣いてばかりいました」

私には彼が訊きたいことが分っているのです。アキ君は、ぼくはなぜ学園にきたの、どこの家から学園にきたのと、聞きたいのです。自己のルーツ、自分の出生を聞きたいのです。けれども、そこまで踏みこめない。踏みこんではならないことも、小さな頭で承知しているのです。富山の「オウチ」や「カアチャン」が、ぼくの「オウチ」であり「カアチャン」であると思いながら、またそうではないことも知っているのです。だから富山に帰るたびに、「ここぼくのオウチね」と、なんども畳を叩いて、確かめるのです。

先月も児童相談所の判定員から、IQ二七、知能年令四歳四ヵ月と診断されたばかりのアキ君が、自己の出自にどこまで疑問をもち、どこまでが空ろなのか、私にも分りません。名前まで、福祉事務所のワーカーがつけてくれたという彼の乳児期を、語り聞かせる言葉など、私にはありません。彼は四歳で生れたのです。

「少しだまりなさい」そう言って、私は片手でハンドルを握りながら、左手で彼の首を抱きよせたのです。晴れ着姿を乗せた車の往き交う街並に、いつの間にか、暮色が深さをましていました。

（60年1月）

Priceless な贈り物

私の車の座席に、ピンク地に可愛い柄のクッションが置いてあります。こりすAクラス（年長重症児グループ）が今年から、古布裂き、古布ちぎりの作業を始めました。自力でやれない子は職員が布切れの片端を持ち、布目に従って引っぱらせて裂くというような、たどたどしい作業です。沢山できた布片を、綿代りに詰めてクッションとして製品化しました。

その第一作を十月のお誕生会の折、私にプレゼントしてくれました。長距離になると、私はよくこれを腰に当てて運転しています。まるでお守りのように。

昨年の春、ひのきクラスは作業学習から一段上って、労賃の入る「仕事」に踏み切りました。五月、初めて工場から貰った賃金が六九二円でした。この時は当の子どもたちより周りの職員の方が、百万円を手にした如く喜びました。しかし六九二円ではクラスの子どもたちでお祝いのパーティーも開けないだろうと、私は貰ったばかりの小額な原稿料を、祝儀袋に包み替えて贈りました。

翌六月「父の日」に、子どもの代表が園長室に来て贈り物を差し出しました。働いたお金で買ったとカードに書かれています。包の中にはランニングの下着が、三枚入っていました。
この二回とも私の目が潤んだであろうことは、ご想像のとおりです。Priceless とは、金銭で評価できない極めて貴重なという意味のようですが、このクッションも、この下着も、私にとってはどんな高価な物、どんな栄誉よりも嬉しい、Priceless な贈り物でありました。

「つのぶえ」に、「北陸本線しらさぎ号」という題で載せた一文があります。家庭のないひとりぼっちなアキ君に、遠い富山にいる私の友人夫妻が、里親になってくれていて、年に三回家庭への帰省期間、その富山の「オウチ」が引き受けてくれる話をご紹介しました。アキ君がお休み毎に富山のオウチに帰り、友人の夫人を「カアチャン」と呼ぶようになってから数年たってのことでした。

生来底ぬけに善良で世話好きな夫人は、ご主人の後輩の若い共働き夫婦に請わるるままに、一歳に満たない子どもを昼間だけ預ってやっていました。アキ君は休みで帰った折、べつに嫉妬するでもなく、「あかチャン、あかチャン」と機嫌よく受け入れていたようです。
四カ月たった次のお休み、そのあかチャンが毎日オウチに通って来ていることを、カアチャンから知らされていました。アキ君は今度帰ったら、あのあかチャンがいることを、明らかに承知していたのです。アキ君はいつも富山への旅に持って行く、小さなバスケットの中に、何やら忍ばせて行ったようです。そのことは、付添った職員も知らなかったのです。

オウチに帰ったアキ君は、翌朝預けにこられたあかチャンと、久しぶりに対面しました。ニコニコと顔を覗きこんでいたアキ君は、やおら学園から下げてきた小さなバスケットから、

「あかチャンやる」と言って取りだした物がありました。

それは「小羊学園一寮」と書かれた、柄の毀れたガラガラの頭が一つ（多分学園のくず箱から拾ってきたのでしょう）、それに布質が悪かったのか、洗濯で縮んで、小さく小さく固くなってしまった自分のパンツのお古が一枚。この二品を「あげる」と言って差し出したのです。何もない施設の生活から、アキ君が小さな頭で考えたあかチャンへの、心からなる、おみやげだったのです。

「アキ君はいい子ね」と、カアチャンは思わずアキ君の頭をだき抱えたそうです。後日夫人は、私にしみじみと語ってくれました。柄の毀われたガラガラの頭と、小さくなった古パンツが、この時の夫人には、きっとPricelessな品に見えたに違いありません。

学園の周りには、叢や灌木も多く、今頃は末枯れた薄や、茶黄色くなった萩の乱れが、晩秋の深さを感じさせてくれます。残り咲いている嫁菜の花に近づく間に、衣服の裾に小さな草の実がいっぱいついてしまいます。

実をつけて悲しき程の小草かな　（虚子）

こんな名も知らぬ草々が一生懸命生きていて、その小さな実の運ばれることを期待している。まるで小羊の子どもたちのようだと、私は思うのです。

（58年11月）

ウエディングドレスの裾に

関西学院福祉学科出の稲松君と、厚生保育専門学校出身の瀧さんが、小羊学園で出会い、職場結婚したのは、美しい秋空の続いた先月の日曜日のことです。

従来、結婚の時が縁の切れ目の如く、女性は全員退職して行きましたが、今回新婦は、そのまま職に留まり、同じ職場で夫婦共働きという、園長夫妻のような選択をしてくれました。近頃の若者には珍しい決断です。

地味な新婚旅行を終り、久しぶりに新夫人が出勤した時のことです。言葉もあり、園児の中では抜群にコミュニケーションのしっかりした明君が、窓の外を通る新夫人を目ざとく見いだして、「あっ瀧先生が来た！」と旧姓を叫びました。その傍にいた保母さんが優しく口を添えたのです。

「あれはね、もう稲松先生なんですよ」

明君は首をかしげ、いかにも不思議そうに、少々撫然として言ったのです。

「変だなあー、僕は瀧先生によく似ていたと思ったんだけどなー」

可愛くて、ちょっと面白い話ではありませんか。


今回もそうですが、ここで働いた人たちが、自分の結婚式や披露宴に子どもたちを招いて下さる例が、沢山ありました。自分たちのこれからの人生を、障害を持った人々と共に在りたいとの志。青春のひと時を賭けたこの子どもたちに、一番祝ってほしいと思う素直な心情。そういう願いからだったのでしょう。

十五周年記念式に加古川市から駆けつけてくれた藤原さんは、山で知り合った青年と結婚した人で、かれこれ十年前のことです。この若い二人は、青少年センターの大ホールを借りて、小羊学園の園児、職員全員を招いてくれました。私もそれならご期待に応えようと、学園を空っぽにして出かけたのでした。

この子らは、いろいろな都合で家庭での結婚式には恵まれなくても、結構、学園で経験する機会があるわけです。

浜松に家庭を持った元職員の近藤さんとは、日曜日に、私の通う教会で一緒になります。彼女はこの礼拝堂で結婚式を挙げました。

彼女には、大学と高校に行っている二人の弟がありました。職員寮住いの彼女が時折家に帰ると、「姉さんはクレゾール臭くて」と、顔をしかめられたそうです。

結婚式にはもちろん二人とも出席し、大きな体を硬くして神妙に並んでいました。

式も終って会堂の中で記念写真を撮るために、しばらくの間合いができました。参列していた数人の園児が、上背のある体に純白のウエディングドレスのよく似合う彼女を、そっと取巻いたのです。中でもよくものの分る、憧れの強い少女期の久子さんと裕子さんは、今日の日が楽しみでしかたがなかったのです。

二人とも重い脳性マヒで歩行できず、坐位保持も困難です。起立した花嫁姿の彼女の周りを、不自由な軀を屈伸させながら、這ったり転がったりして、ぐるぐる廻るのです。

黒いビロードのワンピースと、フリルの多い白いワンピースの二人が、まるで可愛い犬ころのように、純白のドレスの裾に触れながら廻ります。

二人の少女は笑顔をゆがめ、精いっぱいに大きく口を開いて、胸の中から押し出すような声で言っているのです。

「セ・ン・セ・イ・キ・レ・イ」

「オ・メ・デ・ト・ウ」

彼女はブーケで顔を隠してうつむくばかりでした。

私はその時、この情景の数歩後ろに佇んでいた、二人の弟さんの様子を眺めていました。この若者の眼から、みるみる涙が溢れてきました。彼等は、小きざみに頭をふりながら、込み上げてくるものを必死にこらえているのでした。


（56年11月）

これでも国際交流

梅雨時ですから、今回は湿度感のない、ちょっと面白い話をしてみましょう。

キリスト教主義の建前のためか、考えてみると学園を訪ねて下さる人々の中に、外国の方が少なくありません。これは、アジア・アフリカの国々のクリスチャンの方たちが、団体で訪問して下さった時の話です。

皮膚の色と衣装の多様さのために、子どもたちは圧倒された感じでしたが、この一団の中に、ガーナでしたかザンビアでしたか、とにかくあちら方面の方で、見事に黒い、まるでピアノのように黒い黒人の方がおられたのです。

それを見つけたオカッパのともチャンが、狭い廊下に盛り上ったような人垣をかき分けるようにして、その黒人さんの前にピタリと立ち、目を皿のようにしてその方の顔を仰視したのです。見つめられた彼は、真白な歯並びを見せながら、長身を折り曲げて、小さなレディーに笑顔を近づけたのです。彼女は背を伸ばし、爪先立って右腕を上げ、人差し指の先まで勢いっぱい伸長させて、黒人さんの鼻の頭を指先で、すーと触れてみたのです。

周りの者が息を呑むような一瞬でした。ともチャンは、その指先きの腹を目の前に持ってきて、何も色が着いてないことを確かめると、ニッコリ笑って大手を拡げ、黒人さんの首っ玉にかじりついたのです。彼は笑いながら、曲げた腰をすっくと伸ばしたので、ともチャンは、木に止った蟬の形になりました。この可愛らしい仕種に、周りの人たちからどっと笑声がわきました。

「うちの子どもがやったのでは、国際問題になりようがないのでね」とは、この話をした時の、私の結びの言葉です。

春、三月末か四月初めで、学園の川添いの桜が満開という日和でした。開園以来、大変なご援助をいただいてきている国際婦人福祉協会のメンバーで、イギリス大使館付武官のご夫人が訪ねて下さいました。ご主人と航空自衛隊浜松基地に来られたとのことで、そのためか自衛隊の制服さんが通訳兼で案内してこられました。

小羊学園は残念なことに言葉のある子が少なく、かろうじてという人が五指を数える程度です。その中で、かなりゆっくり口調ですが、立派に会話が成立するのは明君くらいのものでしょう。私が、くだんのイギリスのお客様を案内していると、たまたま廊下の向うから明君が来たのです。私は明君に言いました。

「君はお話ができるのですから、小羊学園の子どもたちを代表して、お客様にごあいさつをして下さい」

明君は英国のご婦人と、自衛隊の制服さんの前で、やおら姿勢を正しました。そしてゆっくりと、丁寧に頭を下げたのです。それは正に、拝礼の姿でした。ようやく頭を上げた明君はこう言ったのです。

「あけまして、おめでとうございます……今年もよろしく、お願いします」

航空自衛隊の制服さんは、窓外の爛漫たる桜花をチラリ一瞥したものの、ニコリともしないで生真面目に、ただちに英訳したのです。英国婦人は、いかにも楽しそうに、「Wonderful!

Wonderful !」と繰り返しておられました。

明君は、外国の方でもあり、園長先生のどうも大事なお客さんらしい。このさい「こんにちは」では済まされない。一番上等のご挨拶をしようと、一生懸命、考えてくれたに違いありません。

デビさんは大学で歴史を専攻したアメリカの娘さんです。この欄ではおなじみの、アキ君の里親になってくれている、富山にある私の友人宅で、在日中のデビさんが、一年余お世話になっていた時の話です。

アキ君はまだ十二歳でしたが、いつもの富山への帰省にあたり、このデビさんが迎えに来てくれたのです。日本語のできないアメリカ娘と、知恵遅れで片言のアキ君と、浜松から富山まで、新幹線と特急しらさぎ号の乗継ぎで、旅をすることにあいなりました。

もちろん私たちも大いに心配で、どこかで迷子になって保護でもされたら、これは新聞の全国版だと、冷々でした。ところがこの冒険旅行は大成功だったらしく、二人共極めて上機嫌で富山の家に戻ったのです。お互い日本人同士言葉は通じても、心の通じ合わないもどかしさは現代の宿命です。この二人は、言葉は通じなくても、心はぴったり通い合ったようです。

（59年6月）

共感の原点

小羊学園青年寮の新築計画がようやくほんものとなり、着工に向けて、急ピッチに準備が進行中です。今から来春の完成が待たれるのですが、こんな機会に、皆さんに、忘れ難い私の思い出の一駒をお話ししたいのです。聞いて下さい。

昭和四十三年の九月、三十人の定員増を図るため、増築成った二寮のホールで、落成式を行いました。献堂の礼拝が終ったところで、私があいさつに立ったのです。一〇〇平方メートルにも足りない小ホールには、肩を触れあわんばかりに席を詰めて、大勢の人たちが集まっていました。

正面に向って子どもたちと職員が、横に六、七列と並んでいます。それをU字型に囲むように、お世話になったお客様方が位置しておられます。私は白布を掛けて、端に花を飾った卓の後に立って、お礼の言葉をのべました。

「この度の建設事業には、各方面の皆様に大変お世話になりました。また私の不手際から、予期せざるご迷惑をかけたにもかかわらず、多くの方々がそれを許し、補い、過分なご厚情をもって、援けて下さいました……」

型どおりよりは、少々感情の厚さを自覚しながらも、事の経過を語りだした私は、どうしたことか、突然、自分で予想しなかった心の動揺から、全く突然に言葉を失ってしまったのです。数秒沈黙した私は、不覚にも、これまた全く不覚にも、一滴の涙をこぼしたのです。晴れがましい落成式には不似合な私の失敗でした。

もちろんこの仕儀には理由がありました。

定員三十人で開園した小羊学園は、重度障害児を受入れてくれる施設として、注目され、入所希望も押すな押すなの有様でした。開園して一年経過した時には、早々と行政から、定員を倍増するなら助成するがとの誘いがありました。まだ若かった私は、後先の熟慮を欠いたまま、その計画に踏切ったのです。

当時、法律による建設費四分の三助成の公式も、単価の面で実質建築費との格差が大きく、実際には二分の一にも満ちませんでした。したがってあとの半分は、自己負担金として用意せねばなりません。開園の時には準備の期間も長く、最初の訴えでもあり、寄付金も借入金もかなり順調に調達できたのですが、この時は必ずしもはかばかしくなく、苦境にあったのです。

くわえて建築ブームの時代です。工事の進捗も順調でなく、遅れがちでした。こんな資金不足と工事の遅延が相乗作用をおこしてきて、「金が足りなくて、いつまでも工事が出来上がらない」という私の不用意な一言が、一女子高校生の憂慮をこめた投書となり、さらに新聞の社会面を賑わす結果になってしまいました。

行政からは、「あなたはこの計画でやれると言ったではないか」と叱られたものの、早速資金援助を再考して下さいました。次々と政治家の方が訪ねて下さったり、続々と応援の献金が寄せられたりして、二、三週間の騒ぎのうちに、すっかり資金不足は解消してしまったのです。未熟だった私は、この経過の中に、たくさんの方々の、溢るるばかりの好意と援助を、身にしみて痛感していたのです。

私は伏目を開いて卓の前に並んでいる、最前列の園児たちの顔を見たのです。なんとしたことでしょう。孝好君が眼にいっぱい涙をためているのです。英ちゃんはべそをかき、弘子さんは開けた口をまげて泣き顔です。日出夫君は眉と眼を鼻に寄せ、佐絵ちゃんはうつむいて肩でしゃくりあげています。私の一番近くにいた子どもたちが、私の一瞬の異変に気づいて、共鳴していたのです。

私の情動の因由を、そのまま理解していたとは思われません。ただいつも、大きな声で歌をうたっている元気な園長先生が、声をつまらせ、こうべをたれ、ただならないことになっている。これは大変だと直感的に反応し、それが彼等の泣き顔になったのでしょう。誤解はあるとしても、感情面では即時的に、心から共感してくれていたのです。

身も幼なく、心は殊更に幼いこの子等が、それ故に、こんな素直に、こんなに純に、共感の原点を示してくれている。私はそれを眼の前で視た時の驚きと喜びを、今も忘れることはありません。

彼等の様子を目に入れた時、私は立ち直りました。私は会衆にきちんと顔をあげ、どうにか挨拶を続けたのでした。

（59年8月）

もっと力強く私を打て

赤、青、緑と、それぞれに染めあげられた衣装を着け、角を巧みに取り付けた帽子をかぶり、虎皮風のパンツをはくと、三匹の鬼のボディーができました。

「園長は地でやれるからいいですね。僕はバスタオル三枚腹巻きにしても、園長のオナカのようにはならないものなー」と、痩身の戸田君が、きつい冗談を浴びせてきます。

クレンジングクリームが用意されていないのに不平を言いながら、代りにとニベアをべっとり顔に塗りたくり、その上に赤と黒のドーランで鬼の形相を作り終えた私は、「さあー、始めるか！」と、指摘された当のオナカをポンと叩きます。

赤鬼園長、青鬼戸田指導科長、緑鬼山崎寮長。学園では中枢ですから、それだけ眼の敵かも知れません。節分の行事には、鬼に運動会の玉入れの玉をぶつけ、新聞紙を筒にした紙の刀で叩くことが恒例になっています。毎年の紙刀は朝刊を巻いただけなのに、今年は朝刊と夕刊を合わせて巻いたガッチリしたものだという不穏な情報が入っていたので、三人とも今年は相当やられると覚悟はしていました。

おどろおどろした太鼓を合図に、戸田君は窓から、私と山崎君は入口から、五十人の園児と十五人ほどの職員が待つホールに飛び込みます。あとはいつもの如く、鬼の咆哮、子どもの泣き声、赤白の玉が入り乱れて飛び、紙刀が空を切ります。職員もこの機会にとばかり、必要以上に力を入れる不届者もいて、時折若い女性の悲鳴まで入って、大袈裟に言うと、阿鼻叫喚の修羅場の時となります。

節分の行事で面白いことは、子どもの能力や情緒障害の質が、五十人並べてかなり鮮明に読みとれることです。一口に言うと、能力や情緒の発達がノーマルに近いほど、鬼を怖がるというわけです。顔色を変え、泣き声をあげて保母さんの胸にしがみついたり、ベソをかいて夢中で逃げ廻ったりする子は、理解があるというわけです。鬼の立場からすると、脅かし甲斐があって、鬼が生き甲斐を感ずる相手です。

ところが反対に、全く無反応な子が沢山います。全然動じないで平然としていたり、廻りの騒擾を完全に無視したり、ニコニコ付きまとって虎皮風パンツを引き下したりする子には、鬼は本当に閉口しています。

興味深いのは、長年学園で生活していて、毎年の鬼の正体を熟知しているくせに、三歳児の発達段階の如く、現実と想像の世界がことの成行の中で判然としなくなり、夢中になってしまう子どもたちです。

サエちゃんは泣き顔で私を叩きにきます。アキちゃんは顔色を蒼白にして必死です。力自慢のアキヒロ君は、三匹の鬼を相手に大立廻りです。ヨタヨタ歩きのケイコちゃんが、保母さんに助けられながら、涙をふるって立ち向ってきます。

噂のとおり、今年の紙刀は相当のパワーで、頭や肩や体のあちこちに容赦なく打撃がふりそそぎ、私は笑いごとでなくなって、真面目に逃げ廻ります。ぶたれながら、私は回想していたのです。

アキちゃんが学園に来たのは五歳の時でした。手足が針金のようで、体重は九キロでした。およそ抵抗力のない、病気ばかりしている子で、私は彼の軽い身体を抱いて、しばしば病院の待合室に坐っていたものです。この子が、私をこんなに強い力で叩いているのです。

サエちゃんが入園してきたのは六歳の時です。体が小さくて心臓疾患があり、喘鳴がひどく、夜勤の時はいつも不安な思いにさせられました。この子が、私をこんなに力強くひっぱたいてくる。

アキヒロ君はてんかんの症状がひどいため小羊に来ましたが、当初は四日にあげず朽木の如く倒れ、その度に高い熱を出して困りました。

「そんなに叩いたら鬼さんが可哀想よ」と言う声を聞きながら、私は彼の打撃に耐えていました。

私は、歩けなかったケイコちゃんが、今ちゃんと歩いてきて、私の顔をピシャピシャ叩くのが嬉しかったのです。弱い子どもが大きくなって、皆んなでこんなに力強く叩いてくれるのが嬉しかったのです。私は大袈裟に悲鳴をあげながら、子らよ強くなれ。もっともっと力強く私を打てと、祈っていたのです。

（59年2月）

北の湖の痛みに託して

初めて蛍が舞ったことも、入道雲がわいて梅雨が終ったことも、赤とんぼが秋の風に流れたことも、最初に教えてくれるのがケン君です。ケン君は言葉は全くありませんが、内言語（心の中で理解できる言葉）は豊かで、ボディー・ランゲージ（身ぶり言語）による表現は極めて適切で、気象や昆虫への関心を、からだ巧みに伝えてくれます。児童施設の年令は過ぎたものの、細身の体軀は中学一、二年にしか見えません。

このケン君が足音も荒く事務所に駆け込んできました。彼は予定黒板の七月十七日（日）のところを指で叩くと、四股を踏むまねをします。次に腰をかがめて両こぶしを前に出し、見合っての姿勢です。さらに片方の足の膝をしきりに叩いて、もう一度黒板の十七日（夏場所千秋楽）を指でさします。仕草のあどけなさにしては、顔面は蒼白で、表情いっぱいに緊張感が溢れているのが異様です。

事務机の前の明子先生が、「分った分った、北の湖がお休みなのね。残念なのね。この次きっと出てくるわよ」と、慰めてやります。寮から追いかけてきた保母さんに手を引かれて戻るケン君の後ろ姿を見ながら、私たちは、あ〜あ、またいつもの時期が来たのかと気づくのです。部外者がいたら、今のケン君の雰囲気が、北の湖の休場を落胆するにしては、かなり度の過ぎた昂奮ぶりであることを、すぐ察したことでしょう。

夏場所が始まる数日前、廊下で、北の湖ファンの明子先生とケン君が「休場で残念ね」と、二人で掌をとりあって嘆いていた光景は、知恵遅れの子の施設らしい、笑いを誘うのどかな眺めでした。しかし、今のは違います。ケン君は殺気だっているのです。普段至極もの分りがよくて、職員に手間をかけないケン君が、今の時期になると何故こうなるのか。もちろんそれには理由があります。

学園が定めた家庭への帰省期間中、ケン君が帰宅できるのは、夏とお正月の二回それぞれ四日程度です。ご家庭と鍔ぜり合いの交渉の結果、「年間七、八日程度はお家の子にしてやって下さい。学園はこの子とご両親の絆の大切さを、あくまで主張します」と、強引に帰省を促してきました。

ご家庭の複雑な事情と心情を考えると、「分りました。こちらで見て参りましょう」という言葉が、なんどロもとまで出かかったことでしょう。私は不安や憂慮を覚えながらも、その言葉をのみ込んで、最小限度帰宅してもらう方針を、私の責任で貫いてきたのです。

可哀想にもケン君は帰宅したくないのです。学園にいる方が楽しいのです。だから夏休み、冬休みの一ヵ月ほど前になると、決って、特有の不安症状を呈するのです。

必ずおこす表現の一つに、私が執務している事務室に、石を投げてガラスを割るという行動があります。やり場のない不安を細い眼いっぱいにため、「ボクをなぜ帰すんだ」と訴えているようです。私はいつも、「毛沢東は紅衛兵に告げた。司令部を砲撃せよ！」と言いながら、割られたガラスを片付けるのです。

彼は北の湖が膝を悪くして休場したのが残念だという表現で、実は夏休みに家に帰らねばならない焦燥や不満を、ぶつけていたのです。ケン君のこの不安が、その底に、本当は家に帰って親ごさんに十分甘えたい。他の子どもたちのように、二週間の夏休みを、心やすらかに家庭で過ごしたいという、切なる思いに彩られていることは明らかです。

帰りたくないけれど帰りたい。帰りたいけれど帰りたくない。整理しきれない痛々しい心の葛藤としてこれをとらえるのは、心理学のイロハです。

泣きじゃくりながら帰るケン君を送ってきた保母さんが、先方の態度を、「あんまりだもの」と泣きじゃくりながら報告するような自然でない関係を、いつまで続けることができるものか。子どもと家庭と施設の三者の関係を、どれだけ歪みの少ない正三角形として維持できるものだろうか。

私はこの時期がくると、ケン君のために考えあぐねるのです。ケン君は北の湖の膝の痛みに、自分の心の痛みを託して、しばらく身ぶり言語で訴え続けるでしょう。

あと三週間で夏休みです。


（58年7月）

やさしくよい子としゅくして下さい

一通の文書のコピーを前にして、この文書は私の書いたものの中で、汚点として残るかも知れないと、私は無念に思うのです。

表題は「Ｉの退所について協議内容の確認について」というものです。二十三歳になったマＩ君が、精神薄弱児施設の対象として、あらゆる意味で療育内容の限界を超えてしまっている。だから、別な機関、別な方法で対処を考えて欲しいと、関係のお役所へお願いしている文書です。控え目に、語彙を選んで述べているものの、結局は「もう限界です。これ以上ご免です。もし生命に関わる事故が起っても、私だけの責任ではありませんよ」と、悲鳴を挙げ、居直っている文書です。私はこれを提出したことが、残念で、悔しくてならないのです。

マー君が小羊学園に来たのは今からちょうど十一年前、十二歳の時です。八歳の時に県東部のある施設に入所し、以後五年の間に、施設・精神病院・施設・精神病院と四ヶ所を転々とし、その間に荒廃を深めつつ、小羊が五番目の場所として選ばれたのです。県東端の子どもが、県西端の施設へ入所した経過は、必ずしもフェアでなく、私には言い分がありました。

入所当時のマー君の昂奮ぶりは、驚くべきものでした。作り話のようですが、一年経過した時、計算してみたら当時のお金で、一人で四十八万円ものガラスを割っていました。防ぎようもない怪我も数回あり、夜半急報で駈けつけてみると、ガラス戸に突進して額を割ったマー君が、布団も畳も壁も、部屋中鮮血を飛ばしながら大暴れをしており、その姿に呆然と立ちつくすほどでした。

この十年間の経過を語るのは、自らの力不足を露呈する繰り言になりかねません。マー君の現在を担当している稲松先生の書いた文章の一端を、紹介するだけに止めます。

「食事の前に手を洗いにいくよう、マー君に誘いかけます。マー君はその声がまるで聞こえないかのように無視し、コレクション(固執物)に見入って動こうとしません。今度は手を引っぱりながら誘いかけます。すると突然、マー君は平手打ちをしてきます。乱暴するのはよくないと、こちらもきりっとした態度で応じると、なおも攻撃して来ようとします。蹴ってくる。窓ガラスや壁に頭突をしようとする。他児を突きとばそうとする。そしてこういう状態が奄々《えんえん》と続いて困り果てることがしばしばです。身長一六九センチ、体重六五キロという大きなマー君が暴れ出すと、保母では制しきれない場面も多いのです。」(58年「つのぶえ」より)

十八歳、二十歳と、法的な区切りで移籍を要望してきましたが、方途がなく今日に至りました。私が、退引きならない気持ちで要請を始めたのは、昨年末でした。

来年夏から改築工事を行う。従来の半分の建物で超過密な生活を強いることとなり、その時マー君の状態がどう厳しく変化するか予想がつかない。せめてこの工事期間中だけでも移動できないだろうか。

私のぎりぎりの希いをうけて、お役所の方々も一生懸命考えてくれました。施設はもちろんのこと、彼を連れて数ケ所の精神病院を廻りましたが、あまりにも大変すぎると、全部断られてしまいました。

直接面倒見ている職員の気持ちは複雑でした。園長の立場と判断を頭で理解できても、胸では賛成できなかったようです。マー君を連れて面接に行き、断られて帰ってくると、職員は一様にホッとした顔をするのです。私はそれが嬉しく、また呆れもしました。結局、私の努力は徒労となり、結果、私の無念な文書の提出で終りました。

数日前の教会学校の時でした。みんなで子ども讃美歌を歌い終った時、建築工事の見える窓際に席していたマー君が、言葉にならない声で、しかしそれとは分る節で、一人で讃美歌を歌い続けているのです。みんなは微笑みをうかべながら、しーんとして聞いていました。マー君は、これ以上できないと思われるほどの穏やかな無邪気な顔で頭をふりふり歌います。

「今日のおこない　よい時には、やさしく　よい子としゅくして下さい」

彼はこう歌っているに違いないのです。

晩秋の和らかな日射しを背にしたマー君のシルエットは、私を責めるでもなく、赦すでもなく、何かを語りかけていたのです。

(59年11月)

病院の夜の待合室で

まだ夜の八時だというのに、病院の待合室はひとつの静寂《しじま》でした。ベンチに腰掛けた私の膝の上に、さっきまで泣いていたさなえチャンが、オカッパ頭を置いて微かな寝息をたてています。小さな肩の温もりをももに感じながら、短い時間、私もついうとうと眠ってしまったようでした。

一緒に付添っている禎子先生が、さなえチャンの足を摩りながら、くすりと笑っていました。時間が停ったような、静かなひと時です。

窓から落ちて泣きだした子どもを、たいしたことはないと思うものの、とにかく大急ぎで隣接の病院に連れて来たというのに……緊急外来の担当医が内科医なので、至急整形外科の先生を呼んで下さっているというのに……園長は、子どもの頭を膝に、一緒になってこっくりこっくり眠っている。保母さんはどう感じたことでしょうか。

もちろん私は、無事であって欲しいと念じていました。落ちたショックで、少々足を引きずっているだけだと思うけれど……不安は拭いきれません。

しかし私は、この時間のように、早朝とか夜分とか呼出されて、けがや急病の子どもを病院に連れて行ったり、無断外出の子どもの安否を気づかっている時、私は一番、己の職分を感ずるのです。

机で執務したり、外で、講義したり講演したり、そんなあらゆる時間よりも、今のこの時間、子どもの体を抱えて、医師の判断を待つこんな時こそ、私は一番、自分は小羊学園の園長だと感ずるのです。

この私の心情を一口で言うのは難しいのですが——私はあなたに何もしてやれない、しかし私はあなたの苦しみをわかりたい、だからあなたの傍にいたい——そんな気持ちでしょうか。


私は昨日の訪問者と、今日の電話のことを、この待合室で思い返していました。

昨日訪ねて来られた三人の方は、いずれも浜松盲学校の小学部に子どもさんを通わせておられる父親の方々でした。学校では知恵遅れで盲で、しかも肢体不自由もあるような四人の子どもを、特別のクラスをもうけて教育しておられるようです。

このお父さん方の来意は、今のままでは家庭での重荷が大き過ぎ、家庭崩壊直前の状態であり、なんとか収容施設を利用できないだろうか、とのご希望でした。一人のお父さんは「妻が子どもと一緒に死を考えていることを知った時、私は……」と、絶句されたのです。

こんな時、母親は哭くことができますが、父親は泣くことが許されないのです。それだけに辛く、痛ましく感じられます。

私は何もできませんでした。定員に空きができたなら、その後の候補として考えること、今後盲精薄児の問題について、一緒に考え活動したい。そんな程度の答えしかできませんでした。

今日の電話の主は、若い女性の声でした。三十三歳の兄がアル中患者で、病院でも職場でも、あらゆる所から見離され、万策尽きた。数年前、自分が保育科に在学中、実習したことのある小羊学園を思い出した。何か助言が欲しいという、藁をも摑みたいという願いなのです。

面影を思いうかべることができずにいる私に、彼女は涙声で訴え、その声はいつか電話の向うで嗚咽に変っていました。

今すぐには方策の思いあたらないこと、もう少し時間を欲しいと言う以外に、どんな答えができるでしょうか。私は何もできなかったのです。

さなえチャンを診た整形外科の若い先生は「大丈夫でしょう、明日になってまだ足を引きずるようでしたら、連れて来て下さい」と、笑顔で言って下さいました。省エネルギーで、照明のまばらな外来の廊下が、急に明るくなったような気がしました。

「よかった、よかった」とはしゃぐ、私と禎子先生を、さなえチャンは迷惑そうな顔で眺めながら、車の後ろに逃げ込むように乗ってしまいました。私は車のハンドルを握りながら、しみじみと思っていたのです。

私はあなたに何もしてやれない。しかし私はあなたの苦しみをわかりたい。だからあなたの傍にいたい。

（56年7月）

まーるく痛い

改めて看護日誌を調べてみると、明君の発病は十八日土曜日の午後のようです。「夕食前に発熱、三八度二分。夕食全量摂取。バッハリン投与」とあります。日曜日は解熱剤を使用して一日静養。翌月曜には、おおぞらの家で受診。一日平熱でしたが自室で静養。次の日は比較的元気で、これで治るのかなと思ったのですが、夜再び発熱をします。

翌二十二日は隣りの病院の内科で受診、急性咽頭炎ということでしたが、午後には救急外来で受診。白血球が一一八〇〇、虫垂炎の疑いが生じます。翌日は消化器科で、胸・腹部のレントゲンを撮り、検血、生化学検査もあり、白血球は一六八〇〇。点滴もしています。

急性虫垂炎、腹膜炎併発とはっきり診断が出たのは翌二十四日でした。即刻入院、午後三時より手術が行われました。虫垂が穿孔して、びまん性腹膜炎となり、排膿の必要があったそうです。「もう一両日遅れると、大変になった」と、手術して下さった先生が言われました。

十八日からちょうど一週間、最初は風邪の症状だったのでしょうが、しかし白血球検査が行われた段階で、虫垂炎と断定できなかったのは、多分明君の特殊性、否ここの園生たちの異色性にあると思うのです。学園の看護婦の沢松さんは、早くから虫垂炎が念頭にあり、明君に「お腹が痛いなら、お医者さんにはっきり痛いと言いなさい」と教えていました。

明君は学園では知能の最も高い方の一人であり、極度にスローですが、はっきり言葉があり、意味のある会話が可能です。こんな中程度の青年が小羊にいるのは、頻発する難治性のてんかんのためです。

お医者さんが明君のお腹を押さえて「ここは痛いか」と訊くと、「痛くない」とか、「どうかな?」とか、「もう一度やってみて」とか言うわけです。触診にたいする明君の間のびした返事は、患者の主訴として、医師の診断を躊躇させるに十分だったと思います。いっそ他の子どものように言葉がなければ、診療側の決断にまかされるでしょう。なまじ訴えがある明君の方が、難しかったと思います。

脳の器質的な異常から知恵遅れになっていること。同時に抗てんかん剤を長期にわたって多量に服用してきたことなどが、かなり明君の痛覚を犯しているのではないでしょうか。少なくともわれわれと同様な痛みではないらしく、学園の看護婦さんの問いに、「まーるく痛い」と答えたそうです。

「まーるく痛い」。この言葉に、私は彼らの痛みの質を、見た思いがしました。

私たちの仕事は、どんなに注意していても、時折外科的な治療を必要とする危険や事故は避けられません。そんな折にしばしば経験したのは、子どもたちの中に痛みがない子がかなりある。痛覚がマヒしているらしいと思わされたことです。

昔、いつもＴＶや新聞写真にのるので、小羊学園のカバーガールと呼んでいた、チエちゃんという可愛い、小さな女の子がいました。この子がある日、鉄扉に小指をはさみ、ぶらりと取れそうになったのです。学園や病院の職員が顔色をなくしている時、彼女は可愛い眼をぱっちりさせて、泣きもせず、手術の間、困らせもしなかったのです。清水先生の奇蹟的な名手術と共に、痛がらなかったチエちゃんの様子が、今では学園の伝説になっています。

ミズキちゃんもそうでした。近所の神社の石灯籠の笠が落ちて、大腿部を骨折した時です。レントゲンの台の上で足を動かされる時に、側に立つ私に笑ってふざけるので、Ｘ線室の技師さんたちが、普通なら悲鳴があがるのにこの子はと、驚いていたのを思い出します。

痛みを感じることは人間の生きている証であり、痛みは生命の保障に直結する、重要な情報源です。痛みがあるから人間は成長するのかも知れません。同時に、肉体の痛みの消去は、医療の直接的な目的でもあり、心の痛みの除去は、宗教の存在の意義でもあります。

痛みを訴えない子どもたちと暮らしながら、存在の根底に痛みがあると言ったハイデッカーの言葉を超えて、小羊学園の園生の存在をどう考えたらよいのだろうか。私も時折、哲学せざるを得ません。

この子らは、感傷的に美化されすぎた天使の存在でもなければ、また神の手の失敗でもありません。あえて象徴的に言うならば、明君の言った「まーるく痛い」存在なのかも知れません。

（60年5月）

失われた指先に

「タカシちゃん、こっちへおいで！」と呼ぶ声に応えて、タカシ君は芝生を敷いた小さな運動場をよぎって私の方に向ってきます。丈は一・四五メートル、体重は三九キロ、とても二十四歳の青年の体軀ではありません。両肩を前に狭め、それを左右にゆすりながら、小幅に足を運んで近づいて来ます。色白で切れ長くつり上った眼、両の口許もそれに添って大きく、初対面の人には馴染みにくい面だちかもしれません。

「そっちの手を見せてごらん」、私に促されて珍しく素直に、右手をつき出してくれました。

その掌をとると、昨日の抜糸まで包帯で隠れていた彼の中指の先端が、一センチほど欠けて短かくなっていました。逸らすように空を見上げた私の眼を、夏の烈日が一瞬射るように光りました。タカシ君は「キー」と鳥のようなするどい奇声をあげて、立ち去って行きます。

タカシちゃんの指先はどこにいってしまったのか……私は重い心で呟きました。あの事故が起って十日目の朝でした。

「事故。タカシ。夜六時三十分児童寮北側道路近辺で一人遊びをしていて何かに挾み(原因不明)、右手中指先をつぶしてしまう。救急外来に行き治療を受ける。最初は当直の先生に処置してもらい、さらにもう一度外科の先生にお世話になる。稲松、沢松先生が付添ってくれた。九時前に終了、九時半家庭に連絡する。」

これは私の書いた、七月十五日、庶務日誌の最後です。看護日誌には、「タカシ。右手第三指切傷。XP験に異常なし。一応止血処置のみ行う。」とあります。

要約体の日誌で見れば簡単ですが、事実は遙かに緊張感に満ちたものでした。

血の滴る掌をもち上げ、「ギャー」と叫ぶタカシ君を抱えるように引きずってきた稲松先生を、車に乗せて救急外来に走りました。すでに帰宅した沢松看護主任を呼び戻し、私が加わって三人。それに病院の先生と看護婦さんで、ギャーと喚き、頭突きをし、蹴り、つねり、軀が新鮮な魚のように跳ねるタカシ君を、とり抑えながら行う処置は、並大抵のものではありませんでした。

痛みもさることながら、それ以上に、意味の分らない抑制や恐怖から逃れようとして激しく暴れまわるタカシ君から、胸や顎に頭突きされ、色の変るほどつねりあげられる居合わせた人々を見て、私は本当にすまないと思いました。それ以上に、こんな目に合わせてしまったタカシ君が、不憫でなりませんでした。

翌十六日の看護日誌は、「右手第三指関節離断Ope施行。抗生剤、鎮痛剤一週間分処方。」と記しています。

中指の、爪根の辺りから先が抉り取ったように潰れ、傷もきたないので、この人の治療を考えた場合、指の第一関節から先を離断し、皮膚を被せて縫合した方が良いという医師の判断でした。早速親ごさんに電話で了解を得ました。局所麻酔を使った手術の結果、タカシ君の中指は、一センチほど短かくなることがはっきりしたのです。

私は二十年間、子どもたちの骨折や裂傷など、しばしばの怪我に当面して、心を疲れさせてきました。しかし考えてみると、それ等すべてが、長い期間かかっても一応原形に戻った姿で治っているのです。だが今回だけは、タカシ君の身体は、指先一センチ明らかに欠損するのです。

夕暮、園庭での孤独を楽しんでいたタカシ君が何を起したのか。現場を幾度調べてみても、決定的な理由と場所が分らないのです。もちろん本人からは、情報は得られません。私はがっくり肩を落しました。

手術の翌日、私は焼津までお父さんを訪ねました。許しを請いに行った私を察して、土産まで用意して待っておられました。私は一層辛い立場になったのです。

タカシ君の知能の遅れは重度で、言葉はバーバ、マンマ、ネンネ、イタイの四語ぐらいのものです。他児となじみにくく、自閉的な様子が目立ちます。頭突き、奇声、所かまわない放尿など、困った行動も少なくありません。身体の発達は遅れ、作業能力もありません。この人に与えられているものが、こんなに少ないだけに、その乏しさをさらに欠くように、指先を失わしめたことが残念でならないのです。

「主《しゅ》よ、あなたはこの人に、こんなに乏しいものしかお与えにならなかったのに、なお私たちのいたらなさをお責めになるのですか……」

一夜、夢の中で私は魘いていました。

（60年8月）

この心うつくしい旅があればこそ

四月七日朝、飛散する桜花とともに、一人の子どもがひっそりとこの地上を去りました。洋明君、八歳になるダウン症の子どもでした。

二年前、入園した時から虚弱な体質で、健康管理がとりあえずの指導目標でありました。去年三月、聖隷浜松病院のコンピュータートモグラフィーで脳膿瘍を発見、危険は六分四分といわれた大手術によく耐えて立ち直り、すっかり元気になっていました。したたかな生命力にうたれた私たちは、これからは健康に育つだろうと、そんな安堵が自信にさえなっていたのです。

死の翳りは、突然に襲ってきました。春休み帰省中の家庭から、直接、聖隷三方原病院に入院したのが四月二日、小康状態で、退院は二、三日後かと期待されるそんな朝でした。誤嚥、肺炎、心臓衰弱という、この子どもたちに共通の弱さが誘因、原因になって、昨年の逞しいまでの生命力とうって変った、呆気ない果敢なさで生命の灯は消えました。

医師二名、看護婦十名ほどの戦場のような看護を廊下の外から窺いながら、私は頭を壁に打ちつつ、私の信じる神に祈っていました。保母の渡辺さんが、唇をかみ涙を目じりにこらえて、扉に身を支えていたのを覚えています。

お母さんの慟哭とともに、現代医学の一切の努力が打ち切られました。九時五十分でした。

その夜、学園から車で一時間ほどの洋明君の家で、小さなお通夜が開かれました。まるで学園で午睡をしているような安らかな顔で横になっている、小さな遺体の周りを、十五人の職員が囲みました。そして、いつも唄っている「ひかりの子ども」や「ことりたちは」の歌を、みんなで歌って、お別れをしたのでした。

その場の職員たちは、「元気かい」ときくと、小さなこぶしを固めてガッツポーズをしてくれる愛らしい姿や、汚れない悪戯をして追いかけたり追いかけられたりしている、可愛らしい足音を、思い出していたのにちがいありません。

歌声はともすると啜り泣きに変り、声もとだえがちでした。

この子の存在は、地上に生をうけて間もなく、ご両親にとっては涙の子であり、家族の方々にとっては苦悩の重荷であったでありましょう。

この子は、この世にあって周りの人々に悲しみと憂いを誘っただけで、何一つしなかったようにも思われます。

けれども、こうして十五人の大人たちが確実に心から泣いているのです。洋明君に、もう何もしてあげられなくなった、泣くだけしかしてあげられなくなったと、哭いているのです。

先日、若い人たちと一緒に演劇を観ていました、「はなれ瞽女《ごぜ》おりん」という、水上勉さんの原作になる芝居でした。

盲目の悩みを負うた女が、三味をかかえて終りのない旅をさすらう「瞽女《ごぜ》」。孤独な「おりん」の掌をさすりながら、老婆がこう申します。

「ごぜさまの心うつくしい旅があればこそ、おらのような女《おなご》もここで息災で生きられるだいの。人間は千差万別の顔かたち、心かたちをいたしておれど、他人に陽があたる時はわが方がかげり、他人がかげれば、わが方に陽があたる。ごぜさまだけは、陽があたれば、その陽を他人さまにさずけ、年中陰の地面を、苦背負うて旅なさっとるだ。仏様の化身だいね。」

私はその言葉をききながら、暗い舞台の背景に、確実に洋明君の姿を認めたのです。

（55年5月）

●第四章●
涙の中の真実

偶然と選択

今年の年賀状の一枚が、いつまでも心に残って離れません。それは、障害児のための玩具作りをアルバイトにして、大学院に通っている横井君からのものです。

横井君は、一昨年の三月まで、小羊学園で働いてくれていた人です。彼は大学を卒業すると西ドイツに行き、世界的に有名な障害者コロニー、ベーテルの町のベーテル治療教育専門学校で学びました。

引き続き同地のマリヤ・ベルガという精神薄弱児施設で働いていた時、縁あって指導員をしていたドイツ婦人と結婚しました。

横井君は帰国してから、小羊学園に職を求めてくれました。私は若い頃に、あるドイツ婦人と一緒に仕事をした経験があり、十数年前にベーテルを訪ねたことがあったので、楽しい気持ちで、この国際結婚の若い夫婦を迎えたのです。

六畳に四畳半に台所、プレハブ造りの正に兎小屋的職員宿舎を、大急ぎにトイレを改造したり壁紙を張り替えたりして、二人に提供しました。万事質素なこの若夫婦は、結構喜んでくれました。

優しい眼と顎ひげをもち、画像のイエス・キリストに似た横井君は、学園の指導員としてよい働きをしてくれました。

ドイツ人の奥さんは、私の筋向いの兎小屋で、日本の生活に慣れるため懸命でした。彼女は英語で、わが家の妻も英語で、そんな会話の中に、賑やかな笑い声がきかれるようになりました。

間もなく奥さんの妊娠の徴しが、体型に現われるようになりました。そしてイースターにあと二週間という頃、亜麻色の髪の、可愛い男の子が生れました。

若葉ふく風に誘われて、大柄な彼女が小さな乳母車を押して散歩するようになると、近所の高校の女生徒が、「可愛い」「お人形みたい」と歓声をあげて、駆け寄ってくるようになりました。彼女は、木の間からもれる柔らかな日射しの下で、わが子と日本の娘たちとの交歓を、笑顔で楽しげにながめていました。


しかし、こんな穏やかな日は、長くは続きませんでした。夏の終りの頃、学園の主任保母や主任看護婦、それに私の妻などが、坊やの発育が自然ではない様子に気づき、心配を語り合うようになりました。若い両親は、もちろん案じながら、暗い予感を打ち消していたことでしょう。

決定的な断が下されたのは、坊やが誕生して九ヶ月目、それは冬でした。病院の厳密な生理学的検査の結果、ダウン症（モンゴリズム）と判明したのです。染色体の異常の形から、専門家である両親は、将来この子が、楽観を許さない重い障害児となることを、察知していました。ドイツでも日本でも、この種の仕事を、職業として選ぶ時の心の昂まり、覚悟は、さほど違ったものではないでしょう。生涯、障害児と共に生きようと決意することと、自分の子どもが障害児であったということは、また別の問題でありましょう。この矛盾を越えるため、二人の苦悩がはじまりました。

小羊学園が所属する社会福祉法人は、もともと西ドイツのディアコニッセ活動から生れたものです。同じ敷地内にムッターハウスと呼ばれる家があり、クリスマスになると、ドイツ風の清楚なツリーと、馬ぶねと呼ばれる木彫の飾りが整えられます。

木枯しの厳しい日、横井君の奥さんが、その馬ぶねの飾りの前に坐って、半日泣いておられたことを、そっと知らせてくれた人がありました。遠い異国に来た彼女にとって、そこが一番故郷に近かったのでしょう。

しばらくして、横井君夫婦から、ドイツに帰りたい、彼の地に永住して子どもを育てたいという決意を聞きました。そのため横井君は、大学院に行き準備したいということでした。私には、彼を職場に留める力はありませんでした。

二人に、ダウン症の子どもが与えられたのは偶然という外ありません。しかし、日独両国の障害児をとりまく環境を熟知している彼等が、これからの自分たちの生活を、彼女の母国に託そうとしたのです。それは、考え抜いた末の選択だったのでしょう。

偶然を摂理と確信するまでに、二人を強めて下さい……。一枚の年賀はがきに手を置いて、私は祈っていました。


(56年2月)

親が面倒見られないものを

いつも顔色がさえないで常に持病を訴えている林田氏が、盃を持って私の膳部の前に正座しました。「長いこと、世話になったね。あんたからは、いろいろ教えられることが多かった」いつもながらの不明瞭な発音は、今日は殊更です。同業の会合で年に数回しか会わないものの、私は穏やかで控え目にすぎる林田氏に、好感をもっていました。「いや、こちらこそ」酒の飲めない私が、盃を受ける真似だけをする、一番苦手な機会です。

戦後ずっと、県の民生畑で仕事をしてきた林田氏は、停年になると二度目の勤めで民間の精薄者通所施設の園長となりました。それもこの四月で終り、晴耕雨読を楽しめる時がきたのです。同業者が集まって、送別や歓迎を兼ねて行われる親睦会があり、その宴席でのことでした。辺りはようやく躁がしくなったので、聞きとり難い林田氏の声を聴くには、耳を寄せるしかありません。氏はこんなふうに語り初めます。

「あんたが二十数年前に、施設は重い子どもをやるべきだと言って登場してきた時、正直きざな若造が出てきたものだと感じた。しかしあんたはよく頑張った。これは本物らしいと思ったのは、引佐郡のユミ子を入所させてくれた時だ。あのユミ子のことは、民生行政を歩いてきた僕の生涯の中で、一番ショックを受けた、絶対に、忘れられないケースだったからだ……」

私は「ほー」と頷きながら耳を傾けます。

昭和四十年、当時児童担当のワーカーだった林田氏が見たユミ子さんは、正に凄まじいの一語につきたと言うのです。納屋の前に車輪を外した大きなリヤカーが置かれていて、そこに一人の子が縄で繋がれていたのです。その体を、汗と垢とでまみれた襤褸《らんる》で纏い、髪は油と埃で針金のように逆立ち、異様な臭気を発散させて近寄り難く、黒く汚れた顔は、かろうじて女の子と判断できたというのです。大きな焼おむすびを前にして、四つん這いになって「ウーウー」「ワーワー」と叫んでいる姿は、余りにも衝撃的であったと林田氏は語るのです。

「それでね、細江にこういう施設ができたから預けてみないかと勧めると、親がこう言うのだ。『わし等が面倒見られなくてこんな姿だ。親が面倒見られないものを、他人がどうして面倒が見られるか』と、頑として応じないのだ」

私も話がこの辺りになると、はっきりと覚えがあるのです。

引佐郡のユミ子さんという子が入所予定になっているのに、なかなか入園してこないのです。家庭に連絡してご両親に来てもらい、いろいろ話し合った末に出てきたのがこの言葉でした。

「親が面倒見られないものを、他人がどうして面倒見られる」

ご両親は素朴すぎる、田舎風のご夫婦でした。心にも言葉にも、余分な虚飾を一切削いでしまったような、善良で純な方たちでした。私はその折、「お父さんお母さん。親が面倒見られなくても、他人だからこそ面倒見られる。そういうことだってたくさんあるものですよ」と、話したのです。その言葉が通じたのかどうか、その後間もなく入園してきたのでした。

林田氏は、私の酌で盃をほしながら言うのです。「小羊に行ってみて、これがユミ子だといわれた時は吃驚《びっくり》したね。まるで可愛い女の子に変身しているじゃないか」

林田氏からこの話を聞いた時、私は、氏が別れに当たって贈ってくれた、はなむけと取ったのです。思い出を、いささかの誇張と、過分な評価とで彩りながら、私に、初心を忘れるなと励ましてくれている言葉に取れたのです。

宴席の帰り、夜風にあたりながら、私は林田氏を仕事の先輩として感じていました。

ユミ子さんは小羊で大きくなり、今では私の直接の手から離れたものの、同じ法人内の施設で元気に過ごしています。「親が面倒見られないものを」と言ったお父さんと、たまには顔を合わせる折があります。そんな時、すっかり白髪になった坊主頭を振りながら、深い皺をさざんだ、またとない素朴な笑顔で、きまってこう呼びかけて下さるのです。

「園長さんよ。いつまでも達者でいておくれよ、なあー」

この人も、また私の人生の先輩でした。

（60年9月）

実存的苦悩と福祉

冬休み、大晦日と元旦とを私の家で過ごしたアキ君を連れて、富山まで、恒例になっている短い旅をしたのが二日でした。三日夜、家に戻ると同時に電話があり、帰宅中のヒロ子さんが、家でカミソリで掌を切って、聖隷三方原病院の救急外来に行ったとの連絡でした。

早速駆けつけてみると、今から治療が始まるというところでした。幸い、電話でうけたショックで思い込んでいたよりも、傷は小さく、左手親指の裂傷を、数針縫合するという程度ですみました。

しかし診察ベッドの上で、大きい体を思いきり屈伸して暴れるヒロ子さんを取り押え、お医者さんに治療してもらうには、外来の看護婦さん、お母さん、それに大胡次長、渕上寮長、沢松看護主任、私と六人がかりで汗をかき、手を痺れさせねばなりませんでした。

五日の月曜日、帰園の第一陣が、どっと戻ってきましたが、その中で予定より早く、急遽帰ってきたのがミツ君です。ミツ君はその朝、ストーブに乗せてあったやかんを引っくり返し、熱湯が両足の足首や足の甲にかかり、かなりひどい火傷をしてしまったのです。近所の医師に一応の処置をしてもらったのち、これからの治療を考えて大急ぎで学園に戻ってきました。

ミツ君は私たちの言葉でいう全般的未発達児で、二十歳に達したところですが、その知能行動は、一歳か一歳半の幼児とさして変りはありません。よたよたと歩き、エーエーと半泣きのような奇声を発しながら、日ながし学園の廊下を行きつ戻りつしている重症児です。

家に帰った時、普通の小さな家の中で、どういう行動が起り、どういう危険があり、どういう結果にさらされるか、大方の予想はつくつもりです。それだけに両足に包帯をいっぱい巻いて、ベッドに足を投げ出しているミツ君の姿を見た時、本人の痛ましさと同時に、お母さんをはじめ家庭のご苦労が胸を突き、言葉もありませんでした。

危険が考えられるなら、お休みなどといって家庭に帰さない方が良いのではないか。年中学園にいた方が良いのではなかろうか。その方が家庭も助かるではないか。そんな考えができない訳でもありません。

親ごさんの中には、普段面倒を見てもらっているのだから、せめて盆正月のお休みの時には、精いっぱい頑張って、職員の人たちには休んでもらいたいと素朴に考え、随分無理をして下さる方があります。定めた帰省の期間が終って、学園に戻られた時、玄関で「またお願いします」と子どもをわたされ、そのまま上がりかまちに、へたへたと坐り込んでしまわれるお母さんがあるのです。このミツ君のお母さんも、その一人です。

これは、一歩間違うと、酷を強いることになりはしないか。そういう考えも生れると思います。しかし私は、こう思うのです。

知恵遅れや体の不自由など、重い障害児をわが子として持つことは、親ごさんにとって、譬えようもない不安であり、深い苦しみでありましょう。難しい言葉で言わせていただくと、それは「実存的苦悩」です。

敗戦を契機に、始めて思想というものに触れた青年たちの中に、実存主義哲学に傾倒した広汎な一群がありました。私などもそれらしい気分を、自分なりに大切にしてきました。「不安」はわれわれ実存にとって極めて重要なものであり、不安こそが実存を退廃から引き戻す力となり、実存を本来の生き方へと進ませるものであるという、ハイデッカー初期の思想は、当時若かった私の血肉になったようです。そんな私は、こう思うのです。

親ごさんの「実存的苦悩」は、福祉の名においてそっくり肩代りすべきものではないと思うのです。また出来ないでしょう。出来たとしたら、親ごさんの、その人の実存性を奪ったことになり、そのために「苦悩」を逃れた親ごさんは、その実存性を失ったことになるからです。それはその人が、その人でなくなることを意味します。これは本当の福祉ではありません。

ミツ君を中にして、私たちも親ごさんも、共に至らなかったことを、嘆き悲しみ、ミツ君にすまなかったと思う心の上に、福祉の在り方を構築すべきだと思います。

（62年1月）

天降る鉾は

名古屋にある、キリスト教社会館に勤めている鈴木君は、日本福祉大学に進学する直前の一年間、小羊学園の洗濯室で働いてくれました。十八年前のことです。

素朴な気質で、言葉でも行動でもダッシュまでには時間のかかる、のんびりとした性格でした。県立工業高校は定時制で、大学は二部でと、いずれも働きながらの勉学だったわけで、どこにそんなエネルギーがあったのかと訝《いぶか》るほどの、春風駘蕩の風姿でした。

その後、頻繁に往来があったわけではなく、昨年の二十周年記念式の折に顔を合わせたのが、数年ぶりのことでした。

キリスト教社会館で、十二年も働いてきたというのも意外でしたが、結婚して二人の子どもがあり、しかも下の方の子が、障害児であると知らされた時は、障害児誕生という天降《あも》る鉾は、決して人を選ばない苛酷なものであることを知りました。

このののんびりやの鈴木君が、障害児の親として苦しむとは。苦悩の顔貌には似合わない彼の笑顔を、改めて見直したのです。話しながら、彼の眼の奥に、哀しみのよぎるのを見てとるまでに、間がかかったことを覚えています。

先月送ってくれた手紙の中に、彼の書いた「じゅんやとともに生きる」と題した、僅か十二頁の小冊子が入っていました。息子の七歳の誕生日を記念してまとめた、障害児をもつ親の手記です。

「生れてから祖母の家でしばらく生活していた。あまり動かず手のかからない子でした。生後八ヵ月頃症状があらわれる。三月十六日午前六時三十分、起きてオムツをかえた後、顔、唇が紫色となる。手足はふだんと同じ、目はスウッとねむるような感じ。小鼻がピクピクし呼吸がつまるよう。この時から病気との闘いがはじまりました。」

「運命」の昂揚した調べを拒否した、静寂の開幕です。

母親も祖母も働かねばならない家庭です。大発作をともなうてんかんが起るのは決って土曜日の夜中、それだけ病院には困ったといいます。なんとか手助けしてくれる所はないかと、彼は暇があれば保育所を探し、福祉事労所を訪ねます。もちろん、簡単によい返事は得られません。

「行政が今、私たち親子に何をしてくれているのか。障害を持っているが故に頼んでも頼んでも〝ワクがあるからダメ〟この一言を残し、あとは話も聞こうとしない。怒ったり悩んだりしました。ちょっと疲れたりすると〝この子がいるためにこんなに苦しまなければいけないのか〟と、抱いて一緒に道を歩いていても、衝動的に、走っている車の前に投げ出したくなる気持ちをいだいたこともありました。歩けない、言葉のないこの子を抱いている腕にかかる重みと身体のぬくもり。時々合う眼が、私のなげやりになりそうな気持ちを止めてくれました。」

手記には書かれていませんが、鈴木君はこの時、自分が福祉大学で勉強してきた身でありながら、現実の自分たち親子の問題について、何の役にもたたない、何の力にもならない矛盾に、当惑し、歯噛みしたことでしょう。私は行間に、その呻きを聞くのです。

やがて彼は、学生時代の友人がやっている無認可の共同保育所へわが子の入所を頼みます。その共同保育所の親たちと一緒になって区役所と交渉を続けます。その時、自分の子を認可保育所に入所させねばならない立場の親たちが、交渉の多くの時間をさいて、障害児であるわが子の入所のために、より強く訴えてくれる様子に彼は心をうたれます。そして「私の子だけがなぜと思いつめた親のエゴイズム」に気づかされるのです。

やがて皆んなの力が、障害児保育を積極的に打ち出した、小さな私立保育園の働きとして結実し、じゅんや君もそれに入所が許されます。

以後三年間の保育の中で、彼は園の職員と一緒になってわが子の成長に心を傾け、崩れかけた姿勢から辛うじて立ち直ります。そして彼は、今、障害児教育にとって、子どもの教育と共に、親を社会的にかしこく育てることが絶対的に必要だ、と結論するのです。

鈴木君は「園長先生は、福祉にたずさわる私にとって、現在も師であると想っています」と手紙に書いてよこしました。「君の手記を読んで、師は君の方であったと知りました」私はこう書いて返事を送りました。

（62年3月）

兄と妹・妹と兄と

梅雨空の近いある日、こういうご相談を受けました。障害があって養護学校に通っている九歳の妹を、中学三年になったお兄ちゃんがいじめはじめ、次第に極端な乱暴をするようになって、ご両親は困り果てている。なんとか対策はなかろうかというお話です。

相談にみえられた方は、子どもたちのお母さんの、実の兄さんです。間接的な訴えであるのに、私にも事情が手にとるように理解できたのは、このお兄さんが妹さんの家庭を心から案じておられる、兄妹愛のせいだと思いました。

障害のある妹をいじめるようになったのは、お兄ちゃんが中学生になってからとのことです。このお兄ちゃんは、おそらく小さい頃から、両親の手と愛を障害のある妹にとられ、あなたは元気なんだから我慢しなさいと、何かにつけて耐えねばならなかったのでしょう。長い間にうっ積した不満が、進学を前にした中三の不安定な時期に、一挙に爆発したに違いありません。落ち着いて勉強できないことも、思うように成績の伸びないことも、すべてがあの妹のせいだと思えてきて、障害のある妹に当たるという結果になったのでしょう。

この年少の兄妹の不幸な葛藤と、それに悩む母なる妹を案じる兄の愛。この二世代の愛憎がオーバーラップして、私は切ない哀しい思いでこの話を聞きました。他県のお子さんの件でもあり、私に何程の勘考ができましょう。つてを求めてあちこち電話をしてあげることしかできませんでしたが……。

チエミさんがイギリスからこんなはがきを送ってくれました。

「園長先生お元気ですか。小羊学園の皆さんお変りありませんか。私は今、北海に面したドウコッテージという施設で重度心身障害者の子どもたちと生活を共にしています。入所者はこちらは十五人位と少ないのですが、不思議なことに小羊学園と雰囲気がよく似ています。ここの女の園長先生は、明子先生に感じが似ているのです。」

チエミさんはヒロシ君（二十二歳）の妹で、今春静岡英和女学院を出るとすぐ、念願だった海外ボランティア活動のグループへ推薦されて、英国へ出発しました。このはがきは、学園にきた第一報です。

ヒロシ君のケースファイルの一番最初の方に、便箋の半切にクレヨンで描いたチューリップの絵がファイルされています。小羊に入園したばかりのお兄さんに、保育園児だったチエミさんから送られてきたものです。

このチューリップの絵と、イギリスからの便りの間に、小羊学園におけるヒロシ君の長い生活があり、それと同じ年月だけ、障害者を兄にもったチエミさんの喜びと悩みを織りまぜた、心の軌跡があったのです。

チエミさんは女学院の中学一年の時、幾人かの学校のお友達と一緒に、小羊を訪れてくれました。家は富士で学校は静岡、施設は浜松です。黙しておれば知られる機会がなかったかもしれない兄や私たちのことを、明るく友達に紹介してくれたのです。私はすがすがしい思いで、彼女の姿に眼を細めたことを覚えています。

お母さんの話によると、このチエミさんも、やはり中学三年から高一にかけて、悩みと落ちこみが目立ち、幼い頃からの折々の心の屈折を、親への密やかな反抗として表現したようです。

「でも、それは一時的なことでした。友達に誘われたボランティア活動の中から、自分の肉親の問題を、愛をもって再認識したのです。「あらためてこういう仕事の大変さを実感しました」と書いてあるチエミさんのはがきを手にして、私は、長い間、ヒロシ君をお預かりしてきた、一つの意義を見い出すことができたのです。

私は今、チエミさんにこう言ってあげたいのです。

「ヒロシ君は、私たちが人間としてどう生きるべきかを教えてくれるために、この地上に生れた、神様からの使者なのです。あなたにも随分悲しいことがあったかもしれません。でも神様は不思議なことに、笑いの中でなく、涙の中で真実を教えて下さる方なのです。どうぞこれからもしっかり生きて下さい。」

（59年5月）

●第五章●
自らを省みるとき

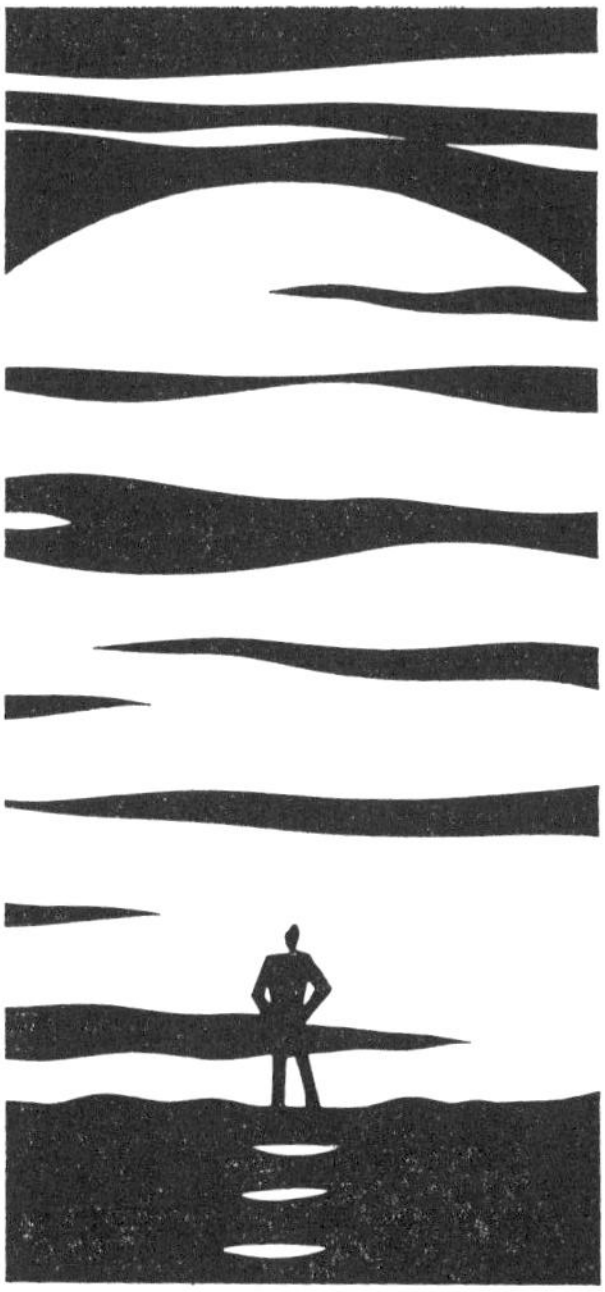

福祉施設における「甘えの構造」

先日の静岡新聞は、県議会で鈴木議員が、「福祉役務論」というべき意見を強調したと報じていました。

氏の考えは、心身障害児施設や老人ホームなどの福祉施設に、一定期間の体験奉仕を義務付け、それを進学の条件や地方公共団体職員の採用条件として勘案すべきだという提案のようです。

この記事を読んだ時、私は面識はないけれども、こういう意見を出して下さる方に、素直に有難いと思いました。と同時に、俗な言葉でいうと、「のせられてはならない」という気持ちもあったのです。

この「役務論」は、アメリカや西ドイツの良心的徴兵忌避者が、獄に下る代りに、私たちのような仕事に一定期間就労を義務づけるという制度の話と、同質のものだと思うのです。

そこには福祉の仕事、労働というものを、特別に大変なもの、耐え難い労苦を辛抱せねばならないものという考え方が見られます。

私は自分自身にも、若い同労者にも、「のせられるな」と戒めています。社会の人が大変な仕事をしていると言う褒め言葉に、うかつに同調するな。その気になって甘えてはならないと言うのです。

私たちの仕事は、他の労働と比較して、格別に大変なものではありません。すべての仕事に労苦があるように、その程度の苦労は否定しませんが、監獄に入る代りになるようなものでもないことは確かです。

ところが福祉の仕事は、特別に大変だと「その気にさせる」誘惑が、実は沢山あるのです。私は、四十四年に施設に伝染病（赤痢）が大発生した事件を経験しています。四十八年には職員の腰痛問題が発生しました。いずれも紛れなく私の管理責任が追求されて然るべきことなのに、私はどこからも叱られた覚えがないのです。私が頭を下げれば下げるほど、同情され、激励されるばかりでした。私はその折、しかと肝に銘じたのです。「この現実に甘えてはならない」。

子どもが怪我をします。そんな場合、保育園や学校でしたら、親は早速文句を言って、責任をとれの補償をしろのと大変だと思うのです。ところが小羊学園ではそうではありません。親ごさんの方で「この子がこんな怪我するのは当然なんですから、どうぞ気にしないで下さい」と、詫びている私たちを、慰めてくれたりするのです。

新聞やテレビは、わずかなことをただならない好意をもって協力してくれます。少し仕事を続けていると、世間は簡単に表彰してくれたり、勲章までくれるのです。あまりうまくない文章でも、仕事の理想や労苦を原稿にすると、それが本になって売れ、結構感激してくれる人がいるのです。そこには、他の仕事には見られない、ある種の安易さがあります。

私はいつもこの傾向を「危険」と感じて、のせられないよう、自分を厳しく戒めています。福祉事業に携わる者は、こんな風潮が当然なことと考えて、己の置かれている現実を瞞着しがちです。

われわれは、社会や行政がやらねばならないことを代ってやっているのだから、社会や行政はこうしてくれるのが当然である。してくれないのは、世間に福祉の心が無いからだというヒステリックな言あげは、今日では「甘え」と言うほかありません。

土居健郎先生の『甘えの構造』という本は、ずいぶん読まれたものですが、今こそ福祉事業で働く者は、いつか身に付いてしまった己の「甘えの構造」を、徹底的に分析解明し、それを勇気をもって超克せねばならないと思うのです。

（52年3月）

かくも些細で　かくも瑣末なことがらに

もう十数年も前のことです。親父の三十三回忌をやってやろう。最後の法事になるから来るようにと田舎の本家から知らせがあり、久しぶりに遠い故郷に戻ったことがありました。

向こう三軒皆親戚というような所で、大勢の人が集まってきました。どの家も私にとっては従兄弟の代になっていて、善意むきだしといった人たちです。

私はその折、自分の仕事を説明する材料にと、数カ月前、視察に来園された皇太子ご夫妻の新聞記事を持って行きました。大きな新聞写真には、ご夫妻の横に私の姿があります。かなり嫌味で、アナクロニズムは承知の上での私の選択でした。

集まった田舎の親族は新聞を廻しながら、「結構な仕事だ」「ご苦労なことだ」「頑張ってやりなさい」と、私の仕事を納得してくれたようでした。ところが酒が廻って宴が賑やかになってくると、年長の従兄弟が私にこう意見をしてくれたのです。

「聞くところによると、おまえさんの仕事は、いくら面倒をみても、大人になって働いて役にたつという子どもではないそうだね。無駄とは言わんが、折角やるなら、将来仕事ができるような子どもの教育をした方が、お国のためではないかな」

角ばって反論する席でもありません。期待した新聞の効果も裏目に出たかと、苦笑いでおわりました。

今考えてみると、この疑問は、二十年間いろいろな言葉にかえて、問われ続けてきたという気がするのです。


ヘレン・ケラー女史は、しばしば、盲・ろう・唖の「三重苦の聖女」と称されてきました。しかし一歳半のヘレンを襲った高熱も、彼女の知能を微塵も犯すものではありませんでした。サリバン先生との出会いの中で、両者が「奇跡の人」たり得たのは、そこにありました。

ところが世の中には、三重苦に加えて、知恵遅れ、肢体不自由、さらにてんかんの病気などをもつ四重苦・五重苦の子どもたちがいます。

このように重い知能障害をベースに、各様の身体的障害や病気を併せ持った子どもを、重度・重複障害児とか、症状により重症心身障害児などと、こなれない言葉で呼んでいます。私は福祉の立場から、常にこのような子どもたちに関心を持ってきました。

ところが昭和五十四年、養護学校の義務制が実施されるに伴い、学校教育は、この種の児童への対応を余儀なくされるようになりました。従来の特殊教育では経験したことのない重い障害児を前にして、教師たちが途方にくれるという事態が生れてきました。

この教育現場に具体的な指導指針を提示する目的をもって、県の教育委員会は「重度・重複障害児教育研究委員会」を設けました。林邦雄教授（静大教育学部）、望月達夫医師（静岡療護園園長）を中心に、県特殊教育課、養護学校の先生たちが加わり、熱心な討議を続けてきてもう八年目になります。私も当初からその末席をけがしてきました。


「オシッコに行ってというと、アーアーと声を出しながら、前たたきサインをして一人でトイレに行くようになりました。ところが、オシッコがでない時でも、オシッコに行くというと、尿意に関係なくトイレに行くので困っています」

「語頭のサインを教えると表出できる言葉がいくつか出てはきましたが、まだ二、三音節までです。母音をはじめとして、構音に問題があると思われますので、聴力は良くても、正しい発音をするのはむずかしいと思います」

背広姿の大人たちが集まって熱心に語れば語るほど、事の瑣末に分け入っていきます。

このスピードと能率と成果の期待される世の中で、優勝劣敗、適者生存のマクロ的思考の社会で、かくも小さく弱い子どもの、かくも些細でかくも抹消な事柄に、このように情熱を燃やす一群の人たちがいるとは……。私はこの研究会に参加しながら、考えさせられているのです。

私も天下国家に縁うすく、田舎の親戚の忠告に答えられず、依然としてお国のためにもならない仕事をし続けて、年を重ねています。

（60年2月）

自己の存在の場を否定することによって確認する

亀谷さんは「おやつ里親」と呼ばれた、小羊学園開園当初からの後援者です。このお手紙をいただいたのは、枯木立が空っ風に揺れる二月のことでした。

「先週の土曜日でした。買物に外出した時、呉服町の公園前で、障害者の方が（青年）、車椅子で声をはりあげて募金運動をしていました。私も少々募金箱に入れますと、その青年がおぼつかない手つきで持っていたプリントを、私の手に渡してくれました。家に帰りそのプリントを読みましたが、何と申してよいか、私共家の者、声が出ないくらいでした。私などどうすることも出来ないことだけに、悲しくてたまりません。山浦先生にお目にかけるくらいのことしか出来ませんが、どうぞごらん頂きとう存じます。」

おばあさんとお呼びしてよい年輩の亀谷さんの、驚きと悲しみが惻々と伝わってくる、辛いお手紙でした。

同封されていた、ガリ刷りわら半紙のチラシにはこう書かれていました。

「私たちの仲間は、施設の中で地獄のような生活をしいられています。その生活の一部を紹介します。例えば、朝起きて寝るまで二十四時間監視されて、その他食事すら腹一杯食べさせてはもらえないし、障害者自身の希望さえも聞いてはもらえません。むしろ『お前たちは黙っていろ』というように押えつけられ、その人の主体性までもにぎりつぶされています。考える力も与えられず、ベッドに縛りつけられ、からだの自由もなくされて、あげくの果ては衰弱死してしまうのです。……このように、健全者には想像もつかないような施設の生活から、一人でも多くの障害者を地域へ出し、障害者に対する偏見や差別をなくすために、厚生省や福祉事務所と交渉しています。」

大好きな小羊学園の印象だけで、施設というものを承知しておられた亀谷さんには、このプリントは、どこを見ても衝撃的であったに違いありません。

私は亀谷さんにはがきを送り、「つのぶえ」の紙面で、いずれこの件をとり上げてみますと、約束しておいたのでした。

このプリントの引用部分には、二つの告発が含まれています。第一は、施設の閉鎖性から生ずるかもしれない、非人間的あり方に対する警告です。偏見さ！　よそ事さ！　ではすまされないのは、このチラシが、障害者自身の手から配られているからです。私は姿勢を正して、この告発を聞きたいと思います。

小羊学園には、隻脚と脳性マヒの、二人の障害者が、私たちと一緒に働いています。健常者と同様、立派に務めていますし、私もいたわり言葉などすっかり忘れて、随分烈しい調子で、あい対することがあります。

私が彼等に期待しているのは、障害者の立場を逸早く代弁してくれる、警報装置の機能です。センサーの感度を敏感にして、ブザーを鳴らしてくれることを、役割の一つとして望んでいるのです。

さて第二は、施設の存在の意義を問うている、より本質的な告発だと思います。

小羊学園を始めた頃は、障害者のコロニーが、理想として語られる時代でありました。しかし北欧の諸国から挙がったノーマライゼーション（心身に障害を持つ者が、できる限り健常者と同じような生活ができるよう努力する運動）の鬨《とき》の声は、たちまちのうちに世界の思潮を席巻したのです。私は今この時代に、自ら担っている施設収容という福祉形態を、はっきり否定したいと思います。そしてその否定点に立って見定めるならば、その否定性の強さだけ、自分たちの存在の意味が見えてくると思うのです。

私たちの仕事は、医療でも教育でも家庭でもない、しかしそれを目指した、矛盾とあいまいさの中に置かれています。地域福祉の網の目からもれてくる問題を（極度に重症で家庭生活が困難な場合、家庭養護に欠ける場合）、この矛盾とあいまいさに耐えながら、しっかりと受けとめるべきだと考えています。

二人の若い職員が「この子らがいるから、僕たちの生活が成り立っているのだなあ―」と、嘆息まじりに語り合っているのを、私はいとおしく聞きました。人の悲しみや苦しみが、飯のたねになる仕事だという一見否定的な惟《おも》いは、私は健全だと思うのです。ここには差別と闘うという英雄主義も、愛の業という自己陶酔も生じません。人の痛みをただ食っているのではなく、その人たちと、一緒に、人間の喜びを創りだしたいという、ささやかな、切ない希いがあるだけだからです。

（59年4月）

一抹の思い上がりがあっても

二月十七日のことです。こりす組（中三）七名の子どもたちが、修学旅行の予行演習で新幹線のホームまで行くというので、駅構内を同行してみました。

この子どもたちは小羊学園でも特別に症状の重い方です。一口に言うのは難しいのですが、全般的に未発達な傾向で、ヨタヨタ歩いていて、後ろからかるくトンと押してもバタリと前に倒れるような、赤チャンがそのまま大きくなったような、そんな子どもを想像してみて下さい。したがって普段の外出散歩も大変なのに、路線バス―新幹線―箱根一泊という予定は、慎重を期さねばならない冒険旅行なわけです。今度が二回目の予行演習で、これに全員パスすれば、ゴーサインが出ることになっていました。

車椅子が一名、それと、ひよっ子歩きの子が六人、いずれもセーター、アノラックで厚着して、その上に、下着やオムツを詰めた赤や青のナップサックを背負っています。若い保母さん、男子の指導員、それに救急カバンを肩にした看護婦さん等が付添い、総勢十二名。この群が切符売場から改札口、階段を二カ所昇って新幹線の上りホームに移動します。

新幹線は、どこの駅構内も機能的に画一化され、怜悧を感じさせる都市空間のたたずまいです。その中で、忙しそうな大勢の人々が秩序ある流れを見せているのは、やはりウィークデーの昼前だからでしょう。けれども私たちの一群は、全くそれとは異質です。小川の淵にはまって、くるくるその場限りを廻っている笹舟のように、なんとも頼りない光景です。

切符の自販機の前で奇声をあげて周りの人々から一斉に注目をあびたり、階段の途中で坐り込んだり、ホームでなんの前触れもなく失尿するので、周りに人無きを幸いに、人襖を作ってその中でぬれたズボンを穿きかえさせたり、いろいろありましたが、まずまずこれなら大丈夫という判断になったようです。

この間たいした時間ではありませんでした。それなのに私は、四組の知人から「ヤー園長さん」と声をかけられ、短い立ち話をしたのです。記者さん、お役人さん、援助者の方などで、後日ある県議さんから「あの時お見かけしたが、車が待っていたので」と、ねぎらいの言葉をもらいました。多分あの日、私があそこにいたということを気づかれた知人が、他にもあったと思うのです。

私が申したいことはこれからです。私は全く無名な、およそ目だたない初老の男です。いくら駅の構内を歩いても、改札の前で人待ち顔に一時間立っていても、人から声をかけられることなど、めったにありません。人波の中に、完全に埋没できるのです。

ところがこの日ばかりは、あーあの人がいると、私ははっきり目だったのです。それは私が、子どもたちと若い職員たちの傍に立っていたからです。

私のような才の乏しい人間が、たまさか新聞の端に文章を求められたり、人前でのおしゃべりを依頼されたりすることがあります。私が子どもの傍にいなかったなら、私のような者にこんな機会が回ってくるはずなど、絶対にありません。この「つのぶえ」の巻頭随想も、私の文章が巧みだから読んで下さるのではありません。皆さんは、子どもの傍に立つ、私の姿勢を読んで下さっていると思うのです。

小羊学園というこの小さな群を、私が守っているのでなく、実はその逆である。私の人格存在が、この子どもたちや若い職員たちによって、根底から支えられている、現実。それを改めて痛感させられる経験でした。

己の立場に、一抹の思い上がりがあっても、神は許して下さらないと思うのです。私たちの仕事は、そういうものであるはずです。

（58年4月）

別れのかたち

小柄な痩身と暗かっ色の肌、ウェーブのある黒い髪、深い眼窩を感じさせない漆黒の瞳。ヴァルギーズ・アブラハムさんは、インドの南西端ケララ州から来ました。二つの大学を卒え、インドでも容易と思われる平坦な将来を拒否し、精神薄弱児の教育保護という、彼の国では前途の見当もつかない困難な道を選びました。今三十歳。故郷にあるマルトマ教会立の小さな施設で、教師をしています。

日本キリスト教社会事業同盟（布施理事長）の招きで来日し、となりの聖隷福祉事業団（長谷川力理事長）が実習の受け入れ団体になったため、私たちとも出逢うことになったのです。新規事業の推進で多忙な時であり、私としては厄介の感もありましたが、戦後の布施氏や長谷川氏との同学の誼が、それを乗りこえさせ、この夏アブラハムさんを迎えたのです。

彼は実に聡明な、しかも自己主張の少ない謙虚な青年でした。置かれた環境にいつでも満足の意を表する、静かな思慮深さに応えるように、まず明子先生が細ごまと母性的な面倒を見はじめました。若い職員たちも、それぞれの対し方で、楽しい交わりをもってくれました。

学園での実習を、彼は記録にこう書いています。

「私にとって重複障害をもった重度重症の精神薄弱児と共に働くのは、はじめての経験でしたので、小羊学園での第一日は、私にとっては怖い感じもしました。戸惑うばかりでした。しかし間もなく、この子どもたちは非常に無邪気で、愛情深いことを知りました。十八歳の少年ケンチャンは、つねったり、叩いたり、しがみついたりして彼の愛情を示してくれました。そして私はこのようにされて、身体は痛かったのですが、心のあたたかなものを感じたのです。この子どもたちは私に、人を愛することの本当の意味、人間存在の本当の意味を教えてくれました。」

彼は私に、インドに帰ったら近い将来、自分のオリジナルな仕事を始めたいと語ってくれました。その時には、小羊学園のような重い子どもたちをやりたいとも言ってくれました。私は、彼の志の実現を信じました。

さしもの炎暑も力を失って、秋が間近かなことを知らせてくれる爽やかな朝でした。帰国を目前にして上京するアブラハムさんを送るため、朝食をすませた職員や子どもたちが大勢、学園の前の道路に溢れてきました。私は車の運転席から、パレットに採りどりの絵の具をしぼり出したような、その光景を眺めていました。

大胡先生が「園長先生、あれをごらんなさい」と促す方を見ると……、彼の実習第一日から、手ひどい痛い目にあわせたケンチャンが、橋の上で、アブラハムさんの胸に顔を押しつけているのです。それはまるで、仔犬が母犬の腹に顔を押しつけるような姿でした。ケンチャンが彼にしめした別れのかたちでした。

彼の話の中に、ケンチャンと共によくマキチャンの名が聞かれました。皆んなが手を振るのを確かめて私が車を発進させると、そのマキチャンが、小さな両手をふらふら振りながら、ヨタヨタと車の後をいつまでも追いかけてくるのです。　私はバックミラーの中で、この小さな女の子の別れのかたちを見たのです。

黙していたアブラハムさんは、車がバイパスに出ると、低い声で言いました。

「今お別れするのが、本当に悲しい」

浜松駅には彼を東京まで送るために、長谷川氏が待っていました。新幹線のホームで、時刻が来た時、私は日本人らしくなく、彼の小柄な肩を抱き寄せたのです。

「私はあなたに何もしてやれない。しかし、あなたがこれから経験するであろういろいろな労苦を、私は理解することができる。私の理解と祈りを飛翔させ、あなたのもとにとどけたい……」

私はこの思いを、言葉に替えることができず、彼の肩を抱いたのでした。これも私の、別れのかたちでした。

（59年9月）

老婦人の通夜で

「今朝、アヒルまでうえに行ったそうで、老人ホームから電話がありました」

私は、苦笑しながら報告を聞きました。小羊学園の南側は小高い崖になっていて、その東側に寝たきり老人ホーム、十字の園が建っています。自分たちが低地にいるために、私たちはいつのまにか、この老人ホームを上《うえ》と呼ぶようになりました。私もよく「うえに行ってくるよ」といって、学園の玄関から老人ホームの玄関まで、百メートルほどのゆるい坂を上って行くのです。

学園の子どもの中には、このうえの魅力にひかれてよく出かける子が、いつの時代にもいるのです。今はヒロミちゃんが常習で、突然ご老人の部屋に入って行って菓子やヤクルトを失敬したり、植木鉢の花を抜いて廊下に並べたりするのです。同一法人の仕事でいわば身内ですから、多少の迷惑は大目に見てもらいますが、しばしば事が重なると、私も改まって謝罪に行かねばならず、なんともうえには頭が上がらないのが実情です。アヒルまでが迷惑をかけるのではないかと心配になるのです。

今回は十年前に亡くなられた松尾さんという、老婦人の思い出を話させて下さい。松尾さんは私にとって同信の先輩であり、私は若い日にこの方から、少なからず文学的関心に影響をうけていました。

松尾さんは佐賀県の貴族院議員の娘として育ち、お嬢様といわれた時代に、持ち前の理想主義とロマンチシズムから、あこがれて「新しき村」の住人になったのです。もともと文才のあった彼女は、当時大新聞の懸賞小説に当選したことがあり、「新しき村」で武者さんの弟子として、その資質を磨くはずでした。その才の開花を待たず、矛盾や挫折を感じて「村」を去るまでの間が、松尾さんの青春だったようです。

新しい女性としての自由な恋愛と結婚、お互いの個性を生かしきれなかったための別れ。彼女は一人息子を抱いて、女一人で生きて行く決心をしたのです。

看護婦となって社会事業の仕事に飛び込み、老齢となり、筋萎縮の病気もあって、うえの老人ホームのベッドに横臥されるまでの松尾さんは、私にとって、心から畏敬できる先輩でありました。私の仕事についても、いつも暖かな心で見守り、励まして下さいました。

「あなたは、いちばんあなたらしい仕事をしているのですよ。迷っちゃいけませんよ」

これが松尾さんが私に与えてくれる言葉の定形でした。

松尾さんが亡くなったのは、空っ風の強まる冬の午後でした。夜七時から親しい者が集まって通夜をすることになっていました。それに出席する服装に整えて夕食をしていた六時半、電話のベルが鳴りました。トヨ君の姿が見当らないという知らせに、私は箸を投げだして飛んで出ました。私の家から学園まで、走れば三分とかかりません。

老人ホームの玄関まできたとき、ちょうどトヨ君の手を引いた保母さんと出会ったのです。「園長先生、この子ったら……」という情けなさそうな保母さんの訴え声の事情を半ばまで聞くと、すぐ保母さん二、三人に応援に来るよう指示して、私はホームに入りました。玄関を入った突き当りに会議室があります。無人の隙にそこに入ったトヨ君は、何を思ったのか床に軟便をしてしまい、それを部屋のあちこちに擦り回って遊んでいたのです。

不幸にもそこが今夜の通夜の場所であり、白布に覆われた松尾さんの遺体が、ベッドの上で正面に安置され、すでに会場がしつらえてあったのです。七時まであと二十五分しかない。私の顔から血の気が失せました。駆けつけた老人ホームの寮母さんや学園の保母さんが、十人ほどで大急ぎに跡始末にかかりました。床、壁、カーテン、椅子、机、遺体の白布の端までが便に汚れていました。血眼になって汚染個所を探して拭い取り、窓を開けて臭気を外に出し、遺体の白布を取り替え、なんとか格好がついたその時、通夜の参会者がどやどやと入ってきました。

私は集まった人々に事情を話して詫び、跡始末をしてくれたホームの方たちに、ただ深々と頭をさげるばかりでした。

納棺の式が終わり、私はそこを立ち去るとき、白布をとった松尾さんの顔を見ながら心の中で言いました。「松尾さん、今夜はほんとうにすみませんでした……」

死顔の和やかなこの老婦人は、たしかに私にこう語ってくれていました。「迷っちゃいけませんよ。この仕事があなたにとって、いちばんあなたらしい仕事なんですからね」

（60年6月）

わが内なる官僚主義を排せ

師走、最初の日曜日。夕刻からかなりの雨量があるだろうという、天気予報のとおりになりました。市民会館の駐車場で、私はしの突く氷雨を傘で避けながら佇んでいました。間欠的にどしゃ降りとなり、そのたびに慌てて会館の軒下に逃げ込みます。もう三十分近く待っていたのです。開会の六時半まで、あと五分です。

来るだろうか。いや弱い子どもたち、この雨足の中、無理をしないでほしいものだ。でも来れば嬉しいのだが。そんな心の中の繰り返しを、ライトの光で断ち切るように、小羊学園のルートバンが眼の前で止まりました。子ども五人、大人五人が乗っていたのです。

一足早く出て、途中レストランで夕食をしてきた七人の子ども、大人三人。それに私の車で来た子ども二人、大人二人。全部で二十四人が会場に到着したことになります。今日の外出の目的は、児童会館で行われる「浜松子ども市民クリスマス」に参加することでした。

健常な子どもたちの仲間に入っていきたいという願いはいつも持っていますし、ことに今回は同僚の稲松先生が、合唱団の指揮をとることもあって、夜でもあり、生憎の雨にもかかわらず、かなり大量の外出となったわけです。

清らかで、あたたかな催しが終ったのが八時十五分。無事学園に着いたのが、九時。雨は上っていました。

これは紛れもなく学園の営みの一つです。外出届には私が印を捺しました。けれども、ここに参加した職員は全部非番で、勤務時間外のサービスなのです。超勤手当をもらえないのはもちろん、一緒に外食した子どもの食事代は、職員たちのポケットマネーです。

そんなことが許されるのか。君は管理者として、それを可としているのか？ と問われると、私は当惑してしまいます。これを正規の勤務内行事にするには、小羊学園の今の人手と経済では不可能だ。しかし、これをやらないより、やる方が確かに子どもの生活を豊かにする。そう答えるほかありません。

実はこの種のことは、無数にあるのです。園で行われる各種行事への勤務外参加はもちろんのこと、個別的な外出希望が実に多様で盛んです。これを書いている今、桜井先生が、今日は公休だからユリチャンを連れて外出し、昼食を一緒にしてミュージカル映画を観せたいと言うのです。私はその申し出を了承したところです。

児童劇、音楽会、おまつり、縁日、買物、美容院、個人宅への訪問等々……。家庭の子どもの経験し易いことを、それと似た小人数の形で実現してやりたい。そういう願いからの実践です。管理者である私は、その積極的な好意を、いろいろな思いを持ちつつも、感謝して、ゴクリと飲みこんでいるわけです。

労働基準法も、施設監査基準も、労働組合的職務観も、すべて人間の作った規範です。それなりに理想も豊かで尊いものだと思います。けれども、この夜雨の中、子どもを抱えて車を降りてきた職員は、いずれの規範とも全く無縁でした。この子どもたちに少しでも豊かな時間を持たせたい。いや一緒に喜びたい。そんな素直な気持ちだけだったと思うのです。

看護婦の絹子さんは、来春四月結婚退職の予定ですが、この日にちょうど結納の式がありました。にもかかわらず、その祝い事をすませて、早々に会場に駆けつけてきました、普段より少し濃いめの化粧をした美しい顔を、子どもの頬に近づけていたのです。もう限りのある時間を、少しでも子どもたちと一緒にいたいとでも言いたげに……。

私の今の立場で、この種の話に結論めいた結びをするのは危険でしょう。しかし、「わが内なる官僚主義を排せ」という言葉の意味を、いまどきの若い人から、教えられる思いがするのです。

（57年11月）

私たちのインノチェンティ

新しい建物が与えられるということは、文句なしに嬉しいものですが、学園の場合は、少し違っていました。形あるものは必ず毀《こわ》るというのは、物質流転の法則でしょうが、物理的な力が積極的に加えられて、折角の新しい建物が破壊されるとなると、事は穏やかではありません。「昨夜、集会室のガラスが一枚割られました。当のマー君には怪我はありません」と報告を聞いたのは、新築の寮舎を使いはじめて、二日目のことでした。それ以後、一日置きぐらいに、ガラスはもちろんのこと、壁、建具などが、次々に壊されていきました。

児童寮を一カ月かけて改装するため、とりあえず新築の青年寮（定員三十名）に、五十名全員が雑居生活をしたせいもあり、くわえて、新しい環境に適応の遅い、この子らの習性もあって、生活が落ち着かないためでしょう。不安定感をぶつける対象が、たまたま建物だったわけです。壊されたものが真新しいだけに、その傷痕は妙に白々しく、新築の喜びや、寄せられた好意や善意や、人々の努力などの一切をトータルして、嘲笑っているようにさえ見えたのです。

もともと困った行動があるから私たちの施設に来ているのです。建物の多少の損傷は、やむないこととして承知していたはずです。子どもたちに罪はありません。今さら驚きうろたえるのも、小心すぎると自分に言い聞かせても、この失望感や、行方の不安感は、どうにもなりません。

建物の木工部を噛るというヒコ君の奇癖は、新しい建物にとって脅威でした。柱や窓の額縁や、建具の桟など、鋭い歯形をあて、塗装した木質部をポロリと欠くのです。異食の一つの形か、単なる欲求の不満か、歯莚などの口腔の病疾か、いかなる精神の異常性の表出かは、今のところ分りません。幾つもの原因が複雑に絡みあっているのでしょう。

本人の不健康にもつながることですから、直接担当する職員は、身の細る思いで悩んでいます。その悩みを無視するように、新築の寮舎は疵つくのです。

結局、せめて開園式の四月二十七日までは、齧られそうな部分に、工事中に使用するビニール製のコーナー養生を打ちつけておく始末になりました。

さらに困ったのは、12ミリの石膏ボードを張り、白いビニールクロスで仕上げた、壁の硬度の問題でした。従来は漆喰壁や固い複合板でしたが、今回はそれに比べれば、軟度のある弾力的なものでした。見た目もよく、保温力も優れていて、居住性としては確かに良いものでした。

しかし壁に頭突きをしたり、体当りをしたりする異常行動には、脆いようです。早速三ヵ所のボードが割れ、壁が凹みました。設計者に、深刻な問題性が理解してもらえず、材料選択を誤ったのではなかろうか。支払いの一切がこれからという私の立場としては、あーと言って、肩を落とさざるをえません。

同労の職員は、園長の辛さに敏感に反応し、なんとか建物を傷めたくないという気持ちで、ピリピリしています。結局この緊張が子どもの心に反映し、誰のために新しい家を建てたのか、分らなくなってきたのです。

そんな時、職員の一人が言ってくれました。

「いいじゃないですか。今まであんなひどい頭突きをしても、割れないという壁の方が問題ですよ。割れないから、そういう行為を、たいしたことでないと思ったり、気づかなかったりする方が、ずっと恐ろしいですよ」

そうなんです。世の中の平均的な常識で、割れるはずのないという建築材料が、日常的な暮しの中で割れるという異常性を、子どもたちの立場で考えるべきなのです。それが建築物の管理上のことばかりが気になって慌ててしまうとは……。私はその職員さんの言葉に感謝しました。

十五年前、学生たちのバイブルになった、羽仁五郎著『都市の論理』の中で、羽仁さんは、イタリアでもっとも美しい建物はフィレンツェのオスペダアレ・デリ・インノチェンティという育児院だと言っています。この「罪のない子らの家」と呼ばれる建築には比すべくもありませんが、それだけに共にする生活の中味は、本当に美しいものでありたいと心から願うのです。

（60年4月）

その人間性の開花に役だつならば

栄子さんが「不運な子を不幸にしないために」と題したレポートを、浜松北高の研究紀要に載せたのは、彼女が二年生の時でした。

ボランティアとしてよく承知している小羊学園と、彼女が英語研修の機会に訪ねた、カリフォルニアの「生命の家」という施設を比較しながら書いた表題の主張は、その捉え方の的確さ、整理された論旨ともに、とても高校二年生とは思われない勝れたものでした。

私は学校の了解を得て分冊をつくり、関心のある高校や中学校に配布したりしました。

栄子さんは、高校生として三年間、小羊の子どもたちに接しながら、ふかく決意するものがありました。

「私は医者になりたいのです。この不運だった子どもをこれ以上不幸にしないために、生れてくる子どもが不運な子どもにならないために、私は医者になりたいのです」

聡明な眼差しを私の顔にピタリと当てて、小さな声で、しかしはっきりと決心を語った、彼女の幼さの残った表情を、私はいつまでも忘れないで覚えています。

彼女は今、東北大医学部の三年生。休暇ごとに小羊学園を訪れて、洗濯ものをたたみながら、勉強の様子を、言葉少なに語ってくれます。

なん年前になるでしょう。一月十五日、きれいに晴れた成人の日でした。有子さんが珍しくお母さんと一緒に訪ねてきました。

海の星高の三年間、いや中学生の頃からだったか、毎月必ず奉仕に来てくれた有子さんは、その頃、上智大学の社会福祉学科で学んでいました。お母さんは、優しい微笑みを、そのまま言葉に結晶するように、静かに言われたのです。

「今朝、成人式の祝の会に行くのと、有子に聞きますと、行かないと申します。どうすると訊ねましたら、小羊学園に行きたい。私が大人になる道すがら、一番大切なことを小羊学園の子どもたちから教えられてきたような気がする。だから今日は、小羊学園にお礼に行って、それを私の成人式にしたいと申しますので……」

娘《こ》は母の体の斜めに、隠れるように慎ましく座っています。冬の柔らかな日差し。子どもたちのさざめき。花瓶の菊の香。あの時のことは、写真帳から切り取ったように、私の心に鮮かに残っています。

今年の夏も、かなりの数の高校生が学園を訪れてくれました。グループで、個人で。研究発表、宿題、進路選択、ボランティア。それぞれ目的は違っても、子どもたちへの関心には変りありません。

「世界の中で、日本の社会福祉はどのような位置にありますか」などと、答えに困る難しい質問を、遠慮なくしてくる高校生たちに、私はできる限り時間を使って応待してきました。

青年前期（十五歳〜十八歳）の課題は、「自分は何ものか。自分はどこにどう立ち、どういう役割をもって、これからどの目標に向って歩いて行こうとするのか」という、自己の人間性の開花と、確立にあると言われています。人間として一番瑞々しい魂に、消し難い捺印をしようとする、無言の子どもたち。私は、高校生と子どもたちとを、祈りごころで見詰めつつ、この冷夏を過ごしてきました。

栄子さん、有子さん、それに似た多くの若者たち。これらの人々の人間としての成長を見届けることができたら、どんなに幸いでしょうか。

（55年11月）

振り袖姿の平凡な娘に違いないと

数年前のことです。ミッションスクールである静岡英和女学院の修養会が、伊豆の山荘で行われ、講師として招かれたことがありました。私が一回目の話をする。その夜二百人の生徒が小グループごとに討議をして、質問事項を取りまとめる。翌朝、それに対して私が回答しながら、第二回目の話を進めるという方式でした。

束になった質問用紙を、生徒会の代表が私の部屋に持ってきたのが、すでに九時を回っていました。電気スタンドの灯を傾けて、一枚一枚眼を通し、問題別に分類し、一応準備ができた頃には深更に至っていました。

次の朝、私は長い話の一齣《ひとこま》に、こんなことを語ったのを覚えています。

「皆さんの質問や問題提起の中で、一番多かったのが、障害者に対する差別意識についてでありました。自分の心のどこかに巣くっている差別の感情を、年若い、女性らしいナイーブな心で、これではいけないと真摯に悩んでおられる様子がよく分り、感銘深いものがありました。

その一例として皆さんの中のお一人が、こんな告白をして下さいました。

私が毎朝乗るバスの停留所に、養護学校に通う知恵遅れの小学生がいました。いつも一人ぼっちで寂しそうなので、ある朝、私は思いきって〝お早う〟と声をかけたのです。その男の子はニコリと笑って〝お早う〟と頷いてくれました。翌朝停留所に行くと、その子は私を待っていて〝お姉ちゃんお早う〟と声をかけてきました。私も〝お早う〟と答えて、その日一日、何かほのぼのとした気持ちで過ごしたのです。

ところがその次の日から、それでは済まなくなったのです。その子は私の顔を見ると、停留所でもバスの中でも、〝お姉ちゃんお早う〟〝お姉ちゃんお早う〟と、同じことを言い続けるのです。私が横を向くと、下から覗き込むようにして、〝お姉ちゃんお早う〟としつこいのです。囲りの人に恥ずかしくて、私は二、三日でうんざりしてしまいました。その結果、私は、バスの停留所や時間を変えて、その子と顔を合わせないようにしてしまったのです。私は差別感を持っている、悪い女の子でしょうか。

皆さんはこの告白を、どのようにお感じになりましたか……。私はこの例に限って言えば、先ず声をかけて下さった勇気に心から拍手を送ります。さらに言わしていただければ、もういっ時、もう少し逃げないで頑張って欲しかったということです。そのためには……」

私は参考になればと、このような場合でのノウハウの幾つかを語ったのでした。そして、この種の質問に答えることの難しさと、答えた後の頼りなさを、いつものようにかみ締めていたのです。

それから数カ月たった夏の日でした。幼い筆の運びを精いっぱいきちんと書いた、活字のような手紙が届きました。〃お姉ちゃんお早う〃で困らされた、当の生徒からだったのです。紹介したい手紙の部分を要約すれば、次のようなことです。

「先生のお話を聞いてから、私は長い間ためらっていました。しかし勇気を出して、トライしてみたのです。久しぶりに逢って前と同じことが始まった時、私は、そんなしつこく言わないでと、はっきりたしなめたのです。私はあの子の家を捜してお母さんにも会いました。信じられないようなことになりました。私はあの子とお友達になれたのです。

ところで……先日バスの中で、見知らぬ小母さんから『あなたの弟さんですか』と、やさしく声をかけられたのです。私はその時どうしたことか、ついうっかり『そうです』と返事してしまったのです。私はうそつきな、悪い娘ですね……」

私は早速、短い返事を書きました。

「イエス様が、天にいますわたしの父のみこころを行う者はだれでも、わたしの兄弟、また姉妹、また母である、と言われた事が聖書にありましたね。この聖書の神様は、あなたの咄嗟の肯定を、うそつきだとお責めになるはずがありません。もちろん私も、悪い娘どころか、なんと素敵な娘だろうと思っています。」

私は見た覚えのないこの少女の姿を瞼にうかべ、その瞼を熱くしていました。

この少女も、今年あたり成人を迎えた頃かと思います。皆と一緒の、振り袖姿の、ごく平凡な娘に違いないと、なぜか私はそう思っているのです。

（59年1月）

原宿竹下通りで

原宿駅で、代々木寄りの隧道を利用した改札口を出ると、眼の前が竹下通りです。この変哲もない寂しい通りが、どうしてかくも変貌してしまったのか。地方の少女たちの、せつない夢と憧れの街並となったのか。戦後まもなくから、この通りと馴染んできた私には、なんとも不思議でなりません。

ブティック（というのでしょう）と喫茶店の並ぶ隘《せま》い路を、これまた不思議としか表現しようのない服装と形態の青少年が、肩を触れかねない密度で往来しています。土曜とはいえ、まだ朝の九時半なのに、通りは完全に西洋縁日の賑わいです。

私の行く先は、竹下通りをぬけて明治通りに出、左に折れると徒歩二分の近さにある、今の原宿にはおよそ不似合な、日本社会事業大学という地味な学校です。今日は役目がありました。学内学会で実践報告をするよう呼ばれていて、その題が「療育技術の伝達と専門性」というなんとも野暮なものです。

スーツを着て鞄を下げて歩いていると、オジン邪魔だよと叱られそうで、できれば避けたいのですが、表参道から明治通りに折れてはひどく遠回りになり、今ではその道も、五十歩百歩の雰囲気であることが分ったので、場違い承知の上で、あえて中央突破をするのです。年に二、三回はここに来るでしょうか。

生涯亡命者の生活を送ったカンディンスキーという画家がいます。その晩年（一九四〇年）の作品で「空の青」という油彩がありますが、私はいつもこの通りに来ると、その絵のことを思い出すのです。魅せられ、吸い込まれるようなブルーの中に、顕微鏡下の微生物の形態とも、未開な民族の象徴的な記号言語ともとれる、全く不可解な多様な形が画布に踊っています。妥協のない明快さと、限りない謎が同居しているのを感じさせてくれます。

原宿竹下通りは、このカンディンスキーの絵と重なって、私の心象風景となっているのです。

無事に自分の役目を終え、午後はメインの催しであるアメリカの著名な学者の講演を聞き、帰路についたのが四時過ぎでした。竹下通りは一段と異形の行列でした。いっときの竹の子風俗に代って、貧乏願望としか言いようのない衣装が目をひきます。しかし私はそれを眺めても、少しも嫌な感じはしませんでした。まして戦中派らしい慨嘆の心情など微塵も湧いてきません。「よーやるわ。精いっぱい楽しみなさい」そんな少々無責任だけれど、しかし冷たい気持ちではないのです。

私はふと、小羊学園の二寮の朝礼を思ったのです。担当の先生が子どもたちの服装を点検します。長袖の上着の上に、短い袖のそれを重ね着した者は、早速直されます。ズボンの片方だけを折り上げた子は、早速直されます。セーターを肩にかけて両袖を結んだり、Yシャツの裾をズボンの上に出していれば、早速注意がとびます。「きちんとしなさい！　しっかりしなさい！」

私は擦れ違いの娘さんを見て頬笑みます。「あーあれは、まりちゃんが鋏で自分の髪を切って、周りの者を驚愕させた、あの時の頭のようだ」

小羊学園は児童施設ですが、今では青年前期の子たちが、いっぱいいます。ちょうど竹下通りに一番関心を惹かれそうな年齢の子です。しかし、年齢に見合った自己顕示の能力を失ったまま育ってきたこの子たちにとって、一体、青春とは何なんでしょうか。
すでに生理のある女子が十名いますが、よくよく指導すればかろうじてという子が一人だけ。あとは全部保母さんが面倒を見ています。男子は、昂ぶってくる生命の衝動を、どう表現してよいか戸惑い、乱暴や奇声で見当違いの発現をする子もいますが、大方はその成長もさだかでなく、いつまでも子どもです。

私は竹下通りの一角に足を留めました。小羊のあの子たちにとって、青春の貌とはなんなのか。私たちはどれだけそれを意識し、大切にし、生命の恵みとして謳歌させようと考えているだろうか。努めているだろうか。私の世代の死に至る青春も、この原宿の若ものも、それぞれ青春の貌であった。ならば小羊たちの青春とは……。

私は人波の外で、凝然と立ちつくしてしまったのです。

(58年8月)

●第六章●
問いかけとしての「意味論」

マー君のやけど

春休み。日曜の午後帰宅したマー君が、学園に戻ったのは木曜日の朝でした。連絡会をやっていた私たちの耳に、「アーアー」というマー君の機嫌のよい声が、玄関の方から聞こえてきます。「とても機嫌よく帰ってきたみたい」集まっていた者の顔が和み、ほっとした気分が流れました。

事実そうでした。いつになく心身爽快といった表情で、誰が教えたのか、「シアワセ、シアワセ」と言って、学園の長い廊下で、一七〇センチ、七〇キロの身体を行きつ戻りつさせていたそうです。

送ってこられたお父さんと挨拶を交した時、その言葉や笑顔から、この四日間さして問題はなかったと、察していたのです。しかしお父さんの哀しそうな眼の中には、いつも当惑している私の眼が、映っていたに違いありません。

廊下の声がざわついてきたのは、お父さんが帰られてから間もないことでした。マー君の足に火傷があるというのです。父親は何も言わなかったし、マー君もご機嫌だから、火傷といっても表皮が赤くなった程度だろうと、はじめ席も立たなかったのです。みんなの声が大きくなるので出て行き、廊下に突っ立っているマー君のズボンを下げて見て、私は「これは酷い!」と声をあげました。

両足の腿、膝の上に、文庫本くらいの大きさで、豚のロース肉のような、見るも無惨な熱傷になっているのです。早速病院に直行。やけどの程度は、片方は二度、片方は三度と深いものでした。

後刻家庭との電話連絡で判ったことですが、火傷の事情はこうです。帰宅していた間、一日中、石油ストーブの前で突っ立っているだけで動きがなく、家人が下手に手を出すと昂奮するので、できるだけそっとして置いたそうです。失尿して濡れた下着やズボンをそのままに、石油ストーブで乾かすその間に、相当の熱温を生じたのでしょう。やけどの深さは、熱の温度よりむしろ熱を受けた時間の長さできまるといわれますから、正に事態は最悪です。痛覚のマヒしている彼に、災禍を避ける能力はありません。直火や熱湯なら分るけれども、石油ストーブに一日中あたっていた状態では、家族も危険を察知できず、気くばりもなかったのでしょう。

マー君は確かに、小羊学園で最も重い症状の一人です。私に、何も言わずに帰られたお父さんの気持ちは痛いほど分ります。いつ「もうこれ以上は」と言い出しかねない、弱い園長であることを、先刻ご承知だからです。本人、家庭、そして私たちとトータルして、マー君は本当に重度だと、つくづく思わされた事件でした。

リハビリテーションの進展は、障害者福祉に強いインパクトを与えました。昔は到底考えおよばなかった目覚しい障害の克服が、可能になってきました。ノーマライゼイションの思想は、精神薄弱者の社会的な障害除去に、画期的な変革を迫り、成果を上げています。私が小羊学園の設立を具体的に始めた、たかだか二十二年前に比べても、隔世の感があります。

ところが同時に、ほとんどリハビリテーションの効果が期待できない、重度障害者の問題が、一層コントラストをもって浮かび上ってくるのも、避け難い事実です。

発達信仰（あえて信仰と呼びます）に支えられた「明」の部分を、強調すればするほど、「暗」の部分は以前よりもその濃さを増してきます。

生産関係を基盤とした能力主義、そこで生れた経済価値はもちろん、人格の生存の価値を問われても答えられない、深刻な重度障害者があるのを、私たちは知っています。そこには有要性の有無を問う、価値基準では、成立しない世界があります。哲学的には「価値論」でなく、「意味論」でなければ、光のない世界です。

この重度障害者の人格に、いかなる「意味」があるのか。その意味を問う。体あたりで意味を問う。力の限りに問う。

それ以外にはないように思うのです。

マー君はあれから毎日、両大腿熱傷という病名で、隣りの病院へガーゼ交換に通っています。予想以上に治り方が早く、茶褐色のかさぶたがとれるたび、淡紅色のきれいな表皮が現われます。瘢痕も残らない様子です。しかし医師は、ストーブの前に立っていてとの原因論は「まさか」と言って、信じないようです。

（61年3月）

洋君の洗礼式

座席の最前列と講壇まで、手を伸ばせば届きそうな、小さな礼拝堂でした。痩身で優しい面だちの牧師が、静かに会衆に問いました。

「人々が一人の中風の者を四人の者に運ばせ、屋根をはいでまで主キリストの御前にお連れした時、主キリストは彼らの信仰を見て中風の者に『子よあなたの罪はゆるされた』と言われて新しい人生を与えられました。あの時の主の御業が、今日この所で行われていることを、あなた方は信じますか」会衆は声を揃えて答えます。「信じます」

「あなた方は、佐野洋君の洗礼を執行するに当たり、あの時の四人を含む『人々』の一人となることを願いますか」

「願います」

やがて講壇の下で、座布団の上に母親と共に座っている洋君の頭に、掌を置いた牧師は、静かに宣言します。

「父と子と聖霊のみ名によって、佐野洋に洗礼をほどこす」

私の身体を、電流が打つように感動が走りました。四月六日の日曜日。富士市岩本教会でのことでした。その日、麗《うら》らかな花日和、山も里も、爛漫たる桜花に飾られていました。


洋君と私たちとの出会いは、十六年も前のことです。重い知恵遅れと言語障害、おぼつかない足どり。重いてんかん発作を伴った重複障害児でした。当時、学校に代るべき所を求めていたご両親は、病院があって、キリスト教主義の小羊学園を、強く希望されたようです。

洋君と私たちとの付き合いは、彼の、たぐいまれな難治性のてんかん発作との戦いでした。日に十回、いや二十回というような日もしばしばです。成人式を過ぎても身体の成長は中学生並ですが、自閉的な傾向はなく、内言語も活発です。大人とのやりとりは豊かで、明るい存在です。教会学校を楽しみに待っている一人で、途中で時折発作を起したりするものの、私の語りかけに、結構反応もしてくれます。

岩本教会の野村牧師から、洋君の洗礼について相談があった時、私は強い感銘を受けました。考えてみると、明治以降日本のプロテスタント教会は、主として知識的階層への伝道が目標でした。それだけに洗礼執行ということは、本人の理性的自覚を伴った、意志的な信仰告白が条件とされてきました。したがって精神遅滞のある人々に対する洗礼は、行わないことが自然とされていました。

もちろんキリスト教会は、障害者に対する関心と共感を、伝統的に持ち続けています。しかしそれは、神の前での人間存在の平等ということで、よき助け手であっても、信仰告白を共にするというまでには、至っていなかったと思います。

近年、教会全体で次第に理解が深まり、考えが変化してきていました。洋君の受洗希望は、もちろん本人から出されたものではありません。二代の信徒であるご家族の強い希望が先行したものです。それに野村牧師が決意し、教会員の皆さんの祈りをまきこみ、さらに小羊学園の信徒職員の共感を集めて、受洗に至ったものでした。

その信仰告白の誓約は、本人自身という単独者でなく、それをとりまく関係者との共同の告白でありました。洋君の人格と、共にありたいとする人々との「関係」が、神と新しい契約を結ぶ儀式であったのです。

私は前節で、本当に深刻な重度障害者の存在は「価値論」では包みきれない。「意味論」でなければ光はないと申しました。しかし「意味論」もそれだけに留まるならば、理論的には、「絶対価値」論や、「価値の逆転」論と同様、観念的にすぎて不毛だと思うのです。

深刻な重度障害者の存在に意味があるのは、その障害者と、それをとりまく人々との「関係」が生きている時にこそ、正に意味があると思うのです。「意味論」の中味は、「関係論」だと考えます。

洋君の受洗は、この関係を確実に示したもので、極めて意義深いものでした。岩本教会の会堂は、その日、いつもの礼拝の二倍半もの人々が集り、洋君を祝福しました。

「この洗礼式は、神様が小羊学園の二十周年を記念して贈って下さった、特別のプレゼントに違いありません……」

咄々とした私の挨拶を、隣りに座っている洋君が、怪訝そうに見上げます。いつも流暢な園長先生にしては、今日はどうしたことだろうと、思ったかも知れません。

（61年4月）

なんにも出来ないけれど

さて、私は、深刻な重度障害者の存在に意味があるのは、その障害者と、それをとりまく人々との「関係」が生きていることが、必須であり重要だと述べました。しかしその関係は、障害が深刻であればあるほど、狭く特殊になってしまい勝ちなのは残念です。

障害児が、立派に絵が画ける、立派に音楽を奏でる。そういう、よもや出来ないと思っていたことが出来るというのは、文句なしに人に感動を与え、共感を高めます。なぜならそれは、「発達＝進歩」という、現代社会のすみずみにまで浸透した「価値論」と共鳴するからです。出来ないと思っていたことが、やっぱり出来なかったという重度な障害者を、一般の人々にどう理解してもらうか、そういう人たちとの「関係」をどう広汎化するか。数年来、これは私にとって関心のひとつでした。

広辞苑で〔大衆化〕を引くと、こうありました。「一般民衆に広まり、親しまれるものとなること。また、そのようなものにすること。」私が「関係論」の「大衆化」というところの所以です。

学園の給食部で三年間、調理師として一生懸命働いてくれた、ながみさんが結婚式を挙げたのは、三月の下旬でした。新郎はかつて調理師学校で知り合った青年で、京都で日本料理を修業してきた若い板前さんでした。なかなかの美男子で、仕事着なら、「包丁一本さらしに巻いて」という、いなせな板前さんだろうと思いました。

こういう時の私の役割は、きまって、お嫁さん側の来賓代表として祝辞を述べることです。私はながみさんのために、楽しい気持ちで賛辞を呈しました。新郎の職業柄でしょう。日本料理に携わる先輩友人からスピーチが述べられましたが、その中で、本格的な日本料理の板前修業というのが、今日の日本の社会では珍しいほどの、封建的、徒弟制度的なもので、正に修業の名にふさわしい厳しいものであることが、交々語られました。私は全く知らない世界の話ですから、興味深く聞きました。

一渉りのスピーチが終り、座が賑やかになった時、新郎側にいた一人の青年がビールを持って私の席に寄ってきました。

「先生、私の顔、覚えがありませんか」

「いや申しわけないが……どなたでしたでしょう」

「僕は七年前、小羊学園の隣りの聖隷高校にいた、田中というものです。時折、労作でうかがっていました」

「あーそうでしたか、労作で」

聖隷高校の労作というのは、隣接の高校の生徒が、課業の一つとして、私たちのような施設で、労働することです。黒服に白ネクタイ、田中君は、華麗なシャンデリアの下では少々不似合な真剣な顔で、私にこう語ったのです。

「実は一度、小羊学園にお礼に伺うべきだと思っていたのですが……僕は京都の超一流の京料理の店で、板前修業をしてきました。今スピーチにあったように修業は大変辛いものです。朝早くから、夜遅くまで、それはひどいものです。へまをやれば水をぶっかけられたり、包丁のみねで手を叩かれたりで、夜くたくたで床に入ると、あー俺はなんでこんな道を選んだのかと、涙が出てくるほどでした。

そんな時、僕はふと、高校生の時、労作に行った小羊学園の子どもたちのことを思い出したのです。あの子たちは重い知恵遅れで、体が不自由で、なんにも出来ないけれど、あれなりに一生懸命生きていたじゃあないか。俺はどうだ。五体健康じゃあないか。こんなことに挫けちゃいかんと思い直したのです。僕は、小羊の子どもたちに励まされて、頑張り通したのかもしれません」

私は彼の言葉を聞きながら、ああ、ここでも学園の子どもたちは、能力や比較を超えて、ひっそりと、その意味を主張していたと、ほっとしたのです。

田中君が一本立の京料理の板前さんになるのは、もう間近なようです。

「関係論」の「大衆化」のために、かねがね最も現代的な媒体であるテレホンを使ってみようと考えていましたが、具体的に決心したのは、この時でした。毎週テープに、私がどんな思いで吹き込むか。〇五三四（三八）一四〇〇番、ぜひ一度ダイヤルを廻してみて下さい。


（61年5月）

由紀子無惨

隣接の聖隷高校の生徒さんが課業の一つとして、私たちのような福祉施設へ奉仕に来てくれます。学校では労作の時間と呼んでいます。最近その感想が、三方原の教会の週報に載っていました。

「生徒の感想に『今まで、こんな恐い思いをしたのは始めてで、今でも膝がふるえている』悲壮な覚悟をして、生徒たちは施設へ向かうのである。」（6月22日、先生の手記）

「私たちが行くと、とてもよろこんでくれて、近付いてきて手をとろうとします。ところが私たちは彼らとの接触の仕方がわかりません。そこで起る不安が恐怖感に変り、逃げ回る結果になるのだと思います。」（5月25日、生徒の手記）

もちろん手記の内容は、恐怖が温かな人間理解に変化することを期待し、愛情ある言葉で結ばれています。私はそれを拝見し、心から有難いと思いました。と同時に、小さな可愛い子どもたちを迎えて二十年。今その子らが身体だけ大人になって、一見した人々に、恐怖感を与えている。その事実を、文章で確認させられるのは……やはり私には辛いことでした。

私はこの「つのぶえ」で、深刻な重度障害者の理解を、「価値論」でなく「意味論」で、「意味論」は「関係論」と述べてきました。私はさらに続けて、「関係論」は「受容論」という連がりで説明したいのです。

「受容（アクセプタンス）」とは、福祉事業の基本であるケースワークの用語で、よき理解者として、相手をありのままに受け入れる態度を言います。英語の acceptance が、受納、受諾、認容という意味の外に、商業用語として、手形の引き受け、決済手形を意味していることに興味を惹かれます。

重度な障害があって、深刻な問題を持っておられる方たちとの「関係論」は、例えば「典子は今」の映画に感動する心情だけでは、包みきれない形質をもっているのです。手形の引き受けや決済に、時として企業の運命がかかるように、自分の人格と責任とをかけて関わらないと、道の開けない問題なのです。

その意味で、重度障害者との「関係論」は、徹頭徹尾、「受容論」でなければならないと思うのです。

いつも今頃の季節に気になるのは、四月に新卒で就職してきた保母さんたちの掌や腕に子どもたちにつねられた跡のあざや、引っ掻き傷が、痛々しく見うけられることです。私など今では、引っ掻き傷をつけられると、確実に老いの染みになって残ってしまいます。

由紀子さんがカナダで畜産の勉強をした彼と、北海道で新家庭を持つために旅立ったのは、五年前のことです。常葉短大を出て三年半、学園で働いてくれた彼女には、こんな思い出があります。

ある年の夏でした。彼女は、当時十七、八歳だったトオル君に、しっかりと「しがみつき」をされ、学習館前の道路にうずくまって、動けなくなっていたのです。

不満や、要求や不安を、相手に衝動としてしか伝えようがなく、力いっぱいに「しがみつき」離さない様子を、私たちは残念ながら、行動異常の一つとして分類してしまっています。

トオル君にはしばしばその行動が見られるのです。

そのとき由紀子さんは、白の半袖シャツにジーンズのショートパンツをはいて、姿の良い足を思いきり出した軽装でした。両手で髪を防衛しながら二つ折になってうずくまっています。小柄ながら、骨格は逞しくて、人一倍力の強い大きな手を持ったトオル君は、緊張で顔をゆがめて、彼女のシャツと髪の毛をしっかり摑んで絶対に離そうとはしません。

彼女のTシャツの胸前はのびきり、ブラジャーが見えています。若い娘にとって無惨な姿です。もちろん私は、トオル君の指の一本一本を開かせて離そうと努力したのです。その時、伏せた顔を上げる余裕のない姿勢で、彼女は絶え絶えの涙声で言ったのです。

「園長先生、大丈夫です！　イマ、ワタシ、トオルチャント、ダイジナトキヲ、モッテイルンダト、オモイマス」

私は潤んでくる眼で、由紀子さんとトオル君の姿を見下していたのです。

後刻、戸田寮長に後の様子を聞きました。彼はいとも簡単に言いました。

「大丈夫です。彼女は結構強靱ですから」

輝やくような夏空だったことが、はっきり印象に残っています。


（61年6月）

あっけらかんと言いました

保育短大や、時には高校を出たばかりの、本当に小娘といっていい幼さの残った職員が、案外、問題の多い障害児をみごとに受け入れ、また自身も子どもに受け入れられている様子を、しばしば見受けるものです。一人を一人ではもてあますような大変な人を、四人五人と束にして長時間散歩して、悠々と帰って来る小娘職員がいて、ベテランが舌を巻くことがあります。見ていると、その職員が坐っていると、ちょうど子猫が母猫を慕うように問題のある子どもたちが寄ってくるのです。ラポール（信頼関係）のきちんとできていない者では、とてもそうはいきません。一人一人を追い回して結局何もできずに終ってしまう時間を、十分使いこなしている様子を見せられ、感心します。

逆に、大学できちんと専門の勉強をしてきて、理念の面でもしっかりしたものを持ちながら、「受容」関係が成立せず、真剣に悩む人もいます。こういう話になると、この種の仕事にたずさわる者の天性の資質というか、そこから生ずる体得が、結局、理論的な理解や訓練を上回るのではなかろうかと、考えさせられる場合があります。

要するに、知能というものは生れつき決まっているものか、それとも経験によって変わり得る能力かというような、昔から言われている知能の生得説と経験説。それを「療育能力」の生得説とか経験説とかいう問題に置きかえて、考えさせられてしまいます。

となりの愛知県にお嫁に行った時子さんは、この母猫タイプの典型でした。就職の頃から約束した人があり、五年たった時、結婚退職したいと申し出がありました。私がもう一年居てくれよと言ったら、途端に母猫本能を発揮して、子猫のためにもう一年待ってと、相手を説得してしまった剛の者です。結婚式のスピーチで、私は新郎に思わず、「長らくお待たせいたしました」と言ってしまいました。

春、近くの田圃に、れんげ草が紅色のじゅうたんを敷いてくれます。時子さんの前後に四、五人の子どもがいて、柔かな卵型の小さな葉に、紅紫色の蝶形の小花を咲かせたれんげを、捧げるように持ち寄ります。彼女はそれをせっせと花束にして返してやりながら、ゆったりと散歩を続けます。

夏、松林のかわいた土に、小さなすりばち形の穴をみつけた時子さん。「蟻地獄よ」とかがみ込む姿に、子どもたちが押しあいながら固まりになります。

秋、手に手にすすきを持って振り回すので、白い尾花が雪のように飛び散ります。逃げる時子さん、追う子どもたち。

冬、空っ風の中で、たくあん大根を干している農家から、通りがかりにいただいた大根。彼女を先頭に一本ずつ抱えて戻った数が、六本。

時子さんのいる所、いつも子どもたちがまとまって、纏わりついていました。

ある時その秘訣を問うと、彼女は卵型の面をいっぱいに笑顔で飾って、あっけらかんと言いました。「とんでもない！　私は誰さんが苦手で閉口しているんです」「私は誰ちゃんとうまが合わなくって、困っているんです」

予期に反した時子さんの話を聞いていて分ったことは、彼女はきちんと自分を分析的に知っている。己を知っているということでした。

私たちの人に対する感情は、平等でも同一的でもありません。初対面早々から、ある人には特別な親しみと同情心を持ち、ある人には何故か不安定な気持ちを、時には嫌悪さえを持つことがあります。これは自分自身の生育歴や、思想信条、価値観、現在の心の動揺などの影響によるものでしょう。

このような自己の感情の、特有な対人的傾向性を知っておくことは、私たちのような直接人間を、ことに問題を持った人を対象とする仕事には、極めて肝要なことです。固い言葉で言うと、専門的資質としての「自己確知」です。

深刻な重度障害者を理解し「受容」するためには、この「自己確知」が必須です。こんなことを解説しても、あの時子さんは、明るい笑顔で掌を大きく開けた口の前でひらひらさせながら、「私、そんなこと、考えた覚えもないわ」と言うに違いありません。


（61年8月）

外山さんへの返事

秋が深くなると、いつも訪ねてみたいと思う所があります。それは観光地ではなく、人が競って集う所ではありません。御殿場、黄瀬川添いにある、昔らい療養所と呼ばれた、復生病院という静かな所です。

広大な構内には、百年近い歴史を感じさせる樹林があり、常緑樹と共に、くぬぎや、楢や、栃の木や、榎、けやき、楡などの落葉樹木も多く見られます。それらの葉が色づいて、晩秋から冬にかけて落葉する様は、いかにも美しく、忘れ難い風情です。

私がこの景観に心魅せられたのは、いつかの初冬でした。構内の小道を歩いていて、私は

「天然の心ゆたかな無雑作に、散るよ、落ちるよ、両と降るよ、林いちめん」という、高村光太郎の「落葉を浴びて立つ」経験をしたからでした。

外山さんはこの病院で、昭和六年、十二歳の少年の頃から今日まで、この落葉を友としてこられた方です。「つのぶえ」の拙稿に、毎回必ずコメントを寄せて下さる、得難い畏友です。前号を送ると、折り返し丁寧な読後感を頂きました。その主旨を抜粋すればこうだろうと思います。

「受容論、自己確知――私見ですが、相手を受け入れるということより、自己主張を押し売りしないということの方が、本音かと思います。時子さんが子どもたちに好かれたのは、子どもたちに自分の考えを押しつけないで、子どもたちと対等の立場で、子ども本位に接する気持ちが、子どもの敏感な直感力に合致したのではないでしょうか。」

これを拝見して、私の語りの、一手先を読まれた感がしました。

「自己確知」とは、一般用語に熟していない、いわば私たちの仕事上の用語です。self-awarenessの訳で、aware は、知って、気がついて、承知しての意味ですが、従って awareness は、知ること、認識の意です。日常用語としての、自己認識とか、自覚とかを選ばなかったのは、次のような、少し理屈っぽい内容を含めているからです。

さて、人が他の人を援助しようとする時、彼を一人の人格として受け入れなければ、それは単なる憐れみになりかねません。人格として受入れるとは、彼の「悪い」感情や攻撃性というようなネガティブなものも、彼からの愛情とか感謝とかいうものも、正当に受入れることを意味します。

そのためには、自分自身の感情とか衝動を（例えば助けたいとか、罰したいとか）、さらに通常は意識されていない、無意識の欲求まで、理解していなければなりません。しかもそういう自分を自身で受け入れ、それをコントロールできないといけません。相手の必要に添わないで、自分の関心や、自分が愛されたいという欲求から彼に関わっていくのであれば、それは正しい援助者とはいえません。

このように自分に捉われないで彼に関ってゆくとき、徐々に彼と「同一化」でき、しかも自己を失わず、きちんとバランスを保った状態でいることができるのです。

「自己確知」という用語に、私は今、この程度の意味を含めて使っています。

先ほどの外山さんの指摘に戻りますが、子どもたちに自分の考え、主張を押しつけない、それは大事なことですが、それだけでは、教えるとか、整えるとかいう関係は成立しません。私たちの仕事の領域では、行動療法とかオペラントとか、相当に押しつけがましい方法論もあるのです。

しかし、外山さんの言われることが全く正しいと思うのは、「自己確知」の経過を通して、彼と正しい「同一化」の状態が成立している時にこそ、はたらきかけるべきだからです。そもそも広い意味での教育関係とは、こういうものであるべきで、そこが欠落しているところに、今日の学校教育の問題があるのでしょう。

「価値論」でなく「意味論」で、「意味論」は「関係論」、「関係論」は「受容論」、「受容論」は「自己確知」、「自己確知」は「同一化」へと、尻取りゲームのように論を繋いできました。ぼつぼつ「同一化」から「意味論」へ戻るときが来たようです。

（61年9月）

つばさを下さい

障害児をもった親ごさんの手記や発表を見ていると、可能性に向って親子ともどもの涙ぐましい努力をする話が主流になっています。そこには、いつか自分たちと同じレベルに到達してくれるに違いないという願いが満ちていて、それは人間皆同じとの考えに強く彩られています。しかしそれでよいのでしょうか。私は「人間は皆違う」との確認が、より大切なように思うのです。知恵おくれの人たちは異質の世界を持っているなどと言うと、たちまち強い非難にさらされそうです。それは異質は排除の対象でしかない、社会の今日的風潮のためです。

身体障害者（視覚聴覚も含めて）の物理的ハンディは、これからの先端技術により克服され、健常者との同質化が格段に進展するに違いありません。しかし、知能、判断力を犯されている知恵遅れの人たちは、身体的機能障害とは違った深刻な問題が、今後とも残ると思います。

知恵遅れの子どもや青年を、私たちの基準に合わせて考えたり、社会的規律を無理に押しつけると、彼等の世界を崩壊させる。私はそういう怖れを、しばしば感じてきました。

私たちはあまりにも同質性の追求が強すぎて、それを平等と感違いをしていないでしょうか。人間の平等とは、人々がお互いのその違いを、過不足なく認めること、そこから始まると思います。そしてその違いに、価値判断が入ってはなりません。同一化とは、安易な同質性価値観を捨てて、お互いの違いをはっきり認め合う、そこから生れる、より高次な共感を指しています。

去年の秋、結婚して学園を去った泉さんは、短大を出て四年半、保母さんとして真剣に働いてくれました。丸顔で、それに似合った円らな瞳は、それだけで十分に魅力的でした。

十年前から学園には、同好の職員によるバンドグループができていて、折々に演奏し、子どもや大人たちを楽しませてくれます。泉さんは就職すると早速、当時楽器だけだったそのグループで、ボーカルを担当するようになりました。可愛い女性シンガーの誕生です。五月のイベントで、素直に明るく歌った姿は、マーガレットや除虫菊がゆれるような、新鮮で愛らしいものでした。それは、これまで小羊学園にはなかった、確かに新しい風でした。彼女が歌う、赤い鳥の「つばさを下さい」は、このグループの大事なレパートリーになりました。

私には数年前の、こんな思い出が残っています。児童寮の二階に通ずる階段を利用して、泉さんは一人の女の子の手を引いて、昇降訓練をしていました。その子は知能はもちろん、身体的機能も著しく発達が遅れている、私たちの言葉で言う、全般的未発達児です。年齢は大人になっても、一歳程度の赤チャンがそのままの姿で大きくなったといった状態です。

その時、泉さんは、私が二階の階段の上にいたことを知りませんでした。階段のたった一段を上ることが、富士山頂を極めるほどに大変な障害児を励ましながら、その一段に挑戦させているのです。そして彼女は歌っていたのです。

「今、私の願い事がかなうならば、つばさがほしい。この背中に鳥のように、白いつばさをつけて下さい。」

彼女は、階段のたった一段を昇ることのできない女の子と同じ気持ちになっているのでしょう。

「この大空につばさを広げ、飛んで行きたいよ、悲しみのない自由な空へ。」

それは切ないほど美しい声でした。私は階段を下りて、この情景を壊す気には、とてもなれず、いつまでも階段の上に佇んでいたのです。

私はなぜ、心うたれたのでしょう。泉さんは休暇を利用して、信州までハンググライダーに挑戦に出かけたスポーツウーマンです。その女の子の不自由さを、自分との違いを、十分に知りつくしています。しかし泉さんは、この女の子に共感している。本当に同一化している。それが、美しい澄んだ歌声になっている。女の子の代りに、いや女の子そのものになって歌っている。私は、それに感動したのでした。

（61年10月）

この星はかの星と光栄を異にす

羊飼らは語りぬ、「岩をつらぬる谷間を照らすあの星はなにぞ」と。
み使いら、頭上より歌いつつ答う、「地には平和、主の悦びたもう人にあれ」と。

（ジェムズ・ラッセル・ロウエル）

小羊学園は今年二十一回目のクリスマスを迎えます。世界の片隅で、日本の一隅で、川辺の低地で、知られず、ひっそりとクリスマスを迎えます。それは、冷たい馬小屋で、素朴なまぶねをゆりかごに誕生された、みどりごイエスのお姿に、真に相応しいたたずまいです。

隣接している重症心身障害児者施設「おおぞらの家」は、小羊学園より一段と障害の重い人たちの施設で、十三年前にできました。ヒロちゃんは、ここが開所した最初の頃、入園してきた一人です。その時園長さんは福原先生（医師、「おおぞらの家」初代園長、昭和53年病歿）でしたが、私は、その他の人々と共に、ヒロちゃんを迎えました。

私はその時の驚きを忘れないでいます。脳水腫という頭蓋の奇形を伴う脳損傷で、昔、通俗的には福助頭と呼ばれた姿でした。頭蓋は扁平化して異常に大きく、二十歳のはずなのに体は幼い子どものようで、胸部が発達していないので体全体が平べったく薄く、頭が大きいので手足がそれだけ短く感じます。もちろん寝たきりの重症者で、言葉もなければ意志表示もありません。それまでは重い症状といっても小羊学園程度の人たちと付き合ってきた私には、さすがにショックでした。

私は福原先生のうしろから、白衣の肩越しにささやいたのです。「大変な子どもがきましたな」

ところが日に一度、寝たきりの重症児の部屋を覗きに行っている間に、私の視覚に変化が現われてきました。一週間、そして十日もする間に、ヒロちゃんの頭がだんだん小さく見えてきて、やがて違和感のない普通の頭に見えるようになったことです。

それは直接面倒を見ている看護婦さんや婦長さんの、「ヒロちゃんはとっても可愛いですよ」と言われる言葉が、大きく影響していたに違いありません。一カ月もした時、私は福原先生に感想を述べました。福原先生は眼鏡の奥をうるませながら、「あー、山浦園長もそう思われましたか……私も全く同じでした」と言われました。

頭蓋骨の頭囲りが、一センチだって短縮したわけではありません。しかし一生懸命看護していた人々の眼には、どんどん小さくなって、異常さも醜さもない普通の姿に映っていたのです。それを、外から眺めていたにすぎない私でさえも。

これは視覚的な慣れでしょうか。いいえ、それだけではない、慣れ以上の新しい認識です。私たちが「変えられ」ながら「同一化」してゆく、「同一化」されながら「変えられ」てゆく経験だと思うのです。

ヒロちゃんはそれから六年して亡くなりました。お通夜で白布をとって見たヒロちゃんの顔は、たとえようもない美しい面差しでした。

「こんなきれいな顔で死ねた子は、よほどご両親と看護婦さんに大事にされてきたんだろうね。

そうでないとこんな顔にはならないよ」

　私はその時、そう言ったことを覚えています。

　外に出て夜空を仰ぎ、あー、ヒロちゃんも、お星様の一つになって輝いているんだと、ひどく童話的な、象徴的な想念に満たされていました。


「この星は、かの星と光栄を異にす」（コリント第一の手紙15章41節）という聖書のみ言葉があります。この異にするとは、事の大小、優劣、強弱など、人間の勝手な価値観で弁別する、そういう意味ではありません。米と麦が違うように、桜と梅が違うように、眼の働きと耳の働きが違うように、そのものの本性が、神様が与えられた本質が違うという意味です。

　学園の子どもたちは、あの無限の空に輝く一つの星です。「この星」です。この星は、健常児である「かの星」と、神様から与えられている光栄、本質、使命を異にしているのだと思うのです。この星にはかの星と違った人生の「意味」があるのです。

「この星は、かの星と光栄を異にす」

　小羊にいる子どもたちは、たえずその「意味」を問いかけています。そして私たちが、実存的に「変えられ」ることを期待して、鋭い光でまたたき、輝き続けているのです。


（61年11月）

復刻版に寄せて

本書の著者であり、小羊学園創立者の山浦俊治先生が天に召されたのは一九九四年（平成六年）の大晦日の日の未明でした。年が明けて一九九五年（平成七年）は戦後五十年となる年でしたが、一月十七日に阪神淡路大震災が発生し、三月には地下鉄サリン事件、その後相次ぐ金融破たんへとつながり、戦後日本の築き上げてきたものが大きく揺らぎはじめた年だったように思います。その頃から様々な分野で構造改革への模索がはじまり、社会福祉の分野にあっても、国は社会福祉法を改定し、介護保険制度の導入などの大きな枠組みの変更を進め、幾度となく制度改革に取り組んできました。そのような中で私たちも、先達たちが築いたものをそのままのかたちで継承するだけでは立ち行かないこと感じてきました。しかし、変えていかなければならないことがあるからこそ、反対に変えてはならないもの、小羊学園が大切にしなければならないことについて問い直してきました。

先生は最期のとき、死んだあとに自分のことで記念会をしたり、記念誌を編集したりしてはいけないとの意思を遺されました。そして明子夫人はそれを忠実に守られましたので、私たちも先生の業績をまとめるようなことをしてきませんでした。しかし、山浦先生と交遊のあった方たちがしだいに天に召されるようになり、また長い年月を過ごし、多くの先輩職員が小羊学園を離れていきました。そして、創立の心を語り継ぐ者が少なくなる中で、地湧社から出版された山浦先生の三冊の著書は、私たちにとって大切な宝となりました。

このたび、小羊学園が創立五十周年を迎えるにあたって、先生が最初に著された「この子らは光栄を異にす」が、地湧社より装いもあらたに再版されることになり、心から嬉しく思います。これまで私たちが受け継ごうとしてきたものについて、また、真の社会福祉の実践のため大切にすべきことについて、次の時代を担う人たちも一緒に学び直したいと願っています。

さらに、いまや、様々な立場の違いから複雑に絡み合った利権をめぐる駆け引きや、小さな地域にあっても国際経済の動きや高度な情報社会から受ける影響を免れることのできない時代になりました。それらのほとんどが力の論理によって動いているように感じます。そして、力と力との関係は、様々なかたちで摩擦を生み出しています。そのような中で私たちが、賢さ、強さ、豊かさなどの価値を求める生き方をめざすのか、小さく、弱く、貧しいと思われるいのちと向き合いながら、その意味を問い、お互いに受け入れ、関わりつづけることの中に真実の生き方を見いだすのか、この本の著者、山浦先生の問いかけは今も全く色褪せていないと感じます。小羊学園での出会いを通して、いのちの意味を問い、つながりの中にこそ生かされてきたことの体験を語り、「弱さ」を大切にすることでこそ実感できる「平和」を伝えようとする、この本が問いかけていることに、今の時代、より一層意義深さを感じています。

二〇一六年四月

社会福祉法人小羊学園　理事長　稲　松　義　人

あとがき

小羊学園には「つのぶえ」という機関紙があります。かつては不定期でしたが、この頃は年に十回は発行しています。私がその巻頭文を書き続けてきたのですが、このたびその半数を棄却し、残ったものを、私の訴えたいと思う形に構成したのが本書です。

従って事柄の重複や、時代のずれを包含しており、通読の妨げになったことと思いますが、小羊学園二十一年の足跡として、ご寛容下さい。

故人である古橋時二郎氏は、私の通う教会の先輩でした。福祉事業にたずさわる私の歩みをいつも厳しい眼で凝視し、忠告してくれました。ある日「二十年たたなきゃ本など出すな」と言われました。園長の立場で二十一年、古橋氏の呪縛も取れたこの頃、中日新聞平崎孝氏の図らいで、地湧社のご協力をえて本書が世に出たことは、本当に感謝です。

しかし「草稿のままで惜しむがよい」という詩句は、今なお、私の心のどこかにあるのですが……。

山浦俊治

〈著者紹介〉

山浦俊治(やまうら しゅんじ)

1926年新潟県生まれ。

1951年日本社会事業学校研究科卒。

1966年精神薄弱児施設小羊学園を創設、園長となる。

以降重症心身障害児施設おおぞらの家・精神薄弱者更正施設若樹学園・小羊学園青年寮を設立。

元社会福祉法人小羊学園理事長。1994年没。

著書に、『この子らからの贈り物』『この子らに愛を教えられて』(小社刊)

この子らは光栄を異にす

1987年 9月10日 初版発行
2016年 4月30日 新装版1刷

著　者　山浦俊治 ©
発行者　増田圭一郎
発行所　株式会社 地《ち》湧《ゆう》社
東京都千代田区鍛冶町2-5-9(〒101-0044)
電話・03-3258-1251　郵便振替・00120-5-36341
印　刷　中央精版印刷株式会社

万一乱丁または落丁の場合は、お手数ですが小社までお送り下さい。

送料小社負担にて、お取り替えいたします。

ISBN4-88503-236-3 C0036